よい授業とは何か

川田 龍哉

学 文 社

はじめに

「よい授業とは何か」をずっと考えていました。その答えにたどり着くためには、まず「授業とは何か」、がわからなければなりません。そんなことは簡単だという人もいるでしょう。

坪田耕三は、「我々は、常に『教育とはなにか』『授業とはなにか』『子どもとはなにか』ということを問い続けていなければ前進しない仕事を担っているのである。（『和顔愛語』五五頁）」と述べます。そして村井実は「教育学を学ぶ、あるいは行うということは『教育学とは何か』という問いにしたがって、教育学の構造と課題とを明らかにする試みである。（『教育学入門』まえがき）」と述べます。同様に考えるならば、「授業を学ぶ」ならば、「授業とは何か」という問いに従って、構造と課題を明らかにする必要があります。

しかし、「教育とは何か」「授業とは何か」、そして「子どもとは何か」という問いに答えることは、決して簡単なことではありません。

私が「よい授業とは何か」を考えたのは、教育関係の書籍の編集のためでした。いわゆるHOW TOと言われるものから、学術書まで様々な書籍を編集してきました。その中で、売れなくても社会的に意義のある書籍も刊行したいと考えました。そのような意義のある書籍を出すためには、意義のあるものとは何かが、わからなくてはなりません。そのため、それについてを自問し続けてきました。教育に関することであれば、それは、そのまま坪田耕三の言う「教育とはなにか」「授業とはなにか」「子どもとはなにか」を求めることです。

そのために、毎年、何十という研究授業を見てきました。授業実践、指導案も毎年百以上は目を通しています。原稿として届いた実践もありますが、研究紀要のような形でお送りいただいたものなどもかなりありました。それが三十年になりますから、何百という研究授業を見て、数千の授業実践を読んだということになります。

そうしたことを通して、なんとなくですが、よい授業とは何かがわかるようになったのではないかと思います。

そのたくさんの授業を通して、よい授業の背景に、その授業者の授業観、子ども観、教育観、学力観があるということを感じるようにもなりました。

「人生観」という言葉は、よく聞いたことがあると思います。人生とは何か、その人なりの考えを人生観と言い、それこそ人の数ほど多様な人生観があります。同様に、「授業とは何か」について、その人なりの見方や捉え方を授業観と言います。

よい授業をしている実践者は、この授業観、子ども観、教育観、学力観が、違うなと感じることが多くあるのです。同じような指導案であっても、授業が違ってくるのです。

これからアクティブ・ラーニングについては、よく言われるように昔から同じような取り組みはなされてきました。アクティブ・ラーニングを取り入れた授業が進められるようになるでしょう。大正期から形を変えて何度も登場してきているのです。それでも定着しなかったのは、方法だけが先走りして、授業観や子ども観、教育観、学力観が追いついていなかったせいではないかと私は考えています。これからアクティブ・ラーニングが、各学校で、確実に定着していくためにも、アクティブ・ラーニングにあった授業観や子ども観が必要になるのではないでしょうか。

今までの多くの実践者や研究者がこうした「教育とはなにか」「授業とはなにか」「子どもとはなにか」を追求し、それぞれの考えを述べています。

私は、今まで書籍を編集する中で、いただいた原稿や参考文献として挙げられたものなどから、そして直接著者からも、そうした考え、授業観や子ども観を学びました。

幸いというか、特に教科を定めることなく、国語、算数（数学）、社会、から社会教育、教育社会学など、幅広い分野で、名をなした実践者、研究者から学ぶことができました。

本書では、そうした先人の実践者、研究者の言葉を中心に、「教育とはなにか」「授業とはなにか」「子どもとはなにか」について改めて考え直してみたいと思います。その先に「よい授業とはなにか」があるからです。

紹介する文献は、かなり古いものもあります。それは、意図的に紹介しました。古いもの、新しいもの、その共通するところから、教育における不易が見えてくるでしょう。そして、そうした古いものの中に、今の教育のルーツがあります。それがその後にどう批判され、どう議論されたのかも後で見ていくこともできます。何より、先人に学ぶというのは、教育にとってとても重要なことでもあります。

ただ、すばらしい実践や研究はたくさんありますが、自分がアクセスする機会がなかったりして、紹介した文献には偏りがあると思います。例えば、私自身は理科については、ほとんど取り組んだことがないので、理科関係のものは、ほとんどありません。

だから、そういう意味では、本書はまだ入り口です。本書で紹介したもの以外にも、すばらしい教育の成果はあります。ぜひ、そうした成果に触れ、多くの実践者、研究者の授業観や子ども観に触れてください。その先に「よい授業とは何か」の答えが見えてくるはずです。

目次

第5章　新しい時代の授業……141

第6章　よい授業とは……189

第1章　授業とは何か

授業者と授業観

そもそも授業とは何か、そんなことは言われなくてもわかっている、そう考えている人も多いと思います。辞書には「学校などで、学問や技芸を教え授けること。（デジタル大辞泉）」と書かれています。それは間違いではないでしょう。

学校は世界中、どこの国にもあります。教師もどこの国にいます。でも実は「授業」という言葉があるのは、日本だけです。

先ほどの授業の定義からするならば、世界中、どこの国の学校でも子どもに学問や技芸を教え授けることはされています。

教育の専門の辞典では次のように書かれています。

学校で教師が子どもを対象に教材をつかって教授することをいう。わが国独自の用語であり、広い内容を包み込んだことばである。もっとも多用されるのは、教師の教授活動をさす場合（授業が上手である）であり、その場合は教授（teaching）と同義である。過程に焦点を置いてみる場合には、教授＝学習過程と同義（授業が活発である）である。教材に力点をおいてみる場合は、課業と同義である（授業がおもしろい）。また、時間割の1単位時間あるいはその中味をさす場合もある（授業がはじまる）(1)。

日本の「授業」という用語は、様々な意味を包括した言葉で、それに直接対応するような言葉が、海外の国々には無い、ということです。

和英辞典では、「授業」の項に「〔学校全体としての〕school;〔クラスとしての〕a class;〔課業〕(school) lessons」と書かれています（『プログレッシブ和英中辞典』）。「授業時間」を「school hours」と訳したり、教師の立場からは「teaching hours」ともなっています。「授業」のもつ意味ごとに使い分けがされています。

逆に、授業の意味が広いため、日本でも授業を表現するために、「学び」「学習」「指導」「教育」などの言葉が使われることも多くあります。大村はまが使う「国語教室」という語も国語の授業を含む言葉だと考えられますし、生活科を立ち上げた中野重人は「学校の子育て」という表現も使いました。こうした言葉も授業を指していると考えられます。

今まで紹介したような辞書等に書かれた「授業」の意味だけでなく、多くの実践者が、それぞれの立場で「授業とは何か」について述べています。こうした授業についての見方を「授業観」と言い、それこそ授業者の数だけ「授業観」があります。

例えば、教育哲学者でもある林竹二は授業について次のように述べます。

授業とは、子どもたちが、自分たちだけでは、決して到達できない高みにまで、自分の手や足をつかってよじのぼってゆくのを助ける仕事である。(2)

このように、授業を教師から生徒への知識伝達の手段と考えるのか、それとも子どもが高みによじのぼっていくのを助ける仕事と考えるのか、授業の捉え方は様々です。よい授業を一言では言えない理由の一つとして、この授業観が多様であるということもあるのではないでしょうか。それは、「よい人生とは何か」に答えが見つからないこととも共通していると思います。

「授業の法則化」運動を主導した向山洋一は授業について次のように述べます。

授業は、教材を教え込むだけでなく、実は教材をめぐるさまざまな子どもの思考の混乱を一つ一つ、整理し解決していくことを通して内容の理解に至る活動である。(3)

先の林竹二が「助ける仕事」と教師側からの授業観を述べたのに対して、向山洋一は「理解にいたる活動」と子どもの側からの授業観を示します。

教育目標が、林竹二が「到達できない高み」と抽象的であるのに対して、向山洋一は「内容の理解」ともう少し具体的です。

ここに、林竹二と向山洋一の授業観の違いが見て取れるのではないでしょうか。

林竹二は教育哲学者です。授業を通して人としての成長を期待したのではないでしょうか。それに対して向山洋一は実践者です。どの子も跳び箱を跳べるようにできるという実践で注目を浴びました。そうしたところからも、人としての成長というよりは（もちろんそれも織り込んでいると思いますが）、勉強ができること、わかることに主眼を置いたのではないかと思います。「教材を教え込むだけでなく」という言葉には、教え込むことも授業と考えているという一面も見えます。

授業観によって「よい授業」が変わってくる

二〇〇〇年、千葉の幕張で開かれたＩＣＭＥ９（数学教育国際会議）でのことです。私は、とある算数研究会のメンバーとしてポスターセッションに参加していました。そこでは、研究をまとめたポスターだけでなく「よい授業」と考えた授業ビデオも映示していました。子どもたちが活発に発言して考えを深めていく授業場面です。

それを見たある海外の教師は「Noisy（うるさい授業だ）」と言って去って行きました。我々にとって「よい授業」だと考えていたものが否定されてしまったのです。

この海外の教師は、授業は教師が子どもに対して内容を伝えるもののように考えていたのではないかと思います。ですから自分の意見を述べる子どもを「Noisy」というわけです。

それに対して、我々は、教師と子どもとが共に学び合う場としての授業を想定していました。その授業観の違いが現れたのだと思います。

坪田耕三は視察したアメリカの研究者に次のように言われたそうです。

「アメリカでは初任の先生にクリスマスまでは子どもの前で笑顔をつくってはいけない」と指導されているそうだ。学期が始まって、半年の間は教師の威厳を子どもに見せて、教室内でのしつけを厳しく行う必要があるという考えからとのことである。

なるほど、子どもは授業中に黙って手を挙げているし、指名されるまでは何も言わない。筆算の問題をノートに書いても、計算して「答えを書きなさい」と言われるまで、答えを書こうとしない[4]。

ＩＣＭＥで出会った教師もこう考えていたのではないでしょうか。

こうした授業観の違いは、学校現場では様々な形で現れてきます。

一番多いのは、保護者の授業観と教師の授業観の違いなどに現れてくることではないでしょうか。小学校の授業を見て、ちゃんと教えていない、と文句を言う保護者が結構いるように聞いています。

似たようなケースでは、中高と小学校の授業の違いにも現れてきます。小中連携、中高連携が進められていますが、そうした連携事業の中でも、授業観の違いがハードルになっていることがよくあるそうです。

中学校の教師が一生懸命教材研究をして、一生懸命授業をしても、小学校の教師から見ると、教え込みにしか見えなかった、というようなケースもあるでしょう。その後の協議会でも、こうした根本の授業観が違うと、議論にもなりません。

私は、よい授業観、悪い授業観があるとは考えません。なぜならば、それぞれの授業観をもった教師がめざすところは、結局は同じだからです。どの教師も、誰もが、子どもをよくしたい、成長させたいと願っています。そのための授業だからです。

子どもにいばりたい、そのために授業をする教師がいたら、その教師は間違っていますし、その授業観も明らかに間違ったものになるでしょう。しかし、子どもをよくしたい、そこが一致するならば、授業観が異なっていてもよいのではないかと思います。

知識注入型の授業、伝達型の授業

林竹二は授業については、いろいろな表現で述べていますが、前述の表現とは別に次のようにも言います。

子供たちは、「答えをだしたら、それをおぼえて終る」のとはちがった「授業」を、勉強を、すなわち学ぶことを、求めているのである。正答がでると、それを「覚えて」終るのでは授業とはいえない。栄養物を与えるのは、子供がそれを吸収し、血肉となって成長に寄与することを期待するからである。「覚える」ことと「学ぶ」ことは別のことで、正しい答が出たら、それを子どもに覚えさせることによって、教師が能事おわれりとするなら、これは、与えたものが胃の中で、いつまでも原形を保っているのをよしとする愚にひとしい。授業は、いわば子供の栄養になるものすなわち血肉と化してその生命を養うものを子供に「与える」作業なのだから、子供がこれを十分に噛み砕いて、同化吸収して血肉と化するのを助ける仕事である。(5)

これは、「おぼえて終わる」という従来の知識注入型の授業への批判を含んでいます。今のアクティブ・ラーニングにも通じるところでしょう。教育者が授業観を示すときは、概ね、従来の授業への批判があります。

アクティブ・ラーニングの導入には、従来型の講義形式の授業への反省があります。そして講義形式の知識注入型の授業へはずっと昔から、多くの批判がありました。

知識注入型の授業を批判すると、「知識」そのものの軽視と受け取られがちですが、決してそうではありません。「知識」は必要です。ただ、それを与えるだけではダメだという批判です。

また、知識注入型の授業の批判に対して、教師が何もしない、見守るだけでは子どもが育たない、という反論もあります。

しかし、中野重人は「教えなくてよい教科、指導しない教科などあるはずがない[6]」と述べますし、木下竹次も「全く教師の指導を欠く学習は学校期に於ける学習では無い[7]」と言います。それは、講義型の授業とは、教師の立ち位置、子どもとの関係性が違ってくるということです。何もしないということではありません。

知識注入型の授業ではありませんが、明治期の算術で、ひたすら問題を解くだけという学習が一世を風靡しました。それは受験への対策としてです。それも多くの教育者、数学者から批判を浴びることとなりました。

問題を与えてひたすら解かせるという学習（求答主義）は、実は寺子屋時代からの日本の伝統的な学習法でした。和算と言われる日本独自の数学の学習法として江戸時代から行われてきました。数学者であり、数学教育者でもあった小倉金之助は、次のように述べてきます。

かかる日本の実情に不適当な翻訳算術書の流行は、それを十分に消化し吸収し得なかった事情もあり、一方入学試験の要求のために、却って『数学三千題』（尾関正求、明治十二年）の如き受験数学の流行を見るに至ったのである。そこには算術の解法に於ける解析的説明は疎んぜられ、唯問題を沢山解き、その問題の意味などには無頓着に、答へさへ合へばそれでよい。――かような非教育的な風潮となつたのである。思へば日本に於ける求答主義の算術の歴史は長かった。(8)

『数学三千題』というのが、ひたすら問題を解くだけの算術書です。受験対策として大流行したようです。

寺子屋での学習は「読み書き算盤」です。思考力とか問題解決の能力などは範囲外でしょう。まず、字を覚え、読み書きができること、計算ができることが第一です。

そうした学習の伝統が明治の学校に続き、そして受験制度と相まって、知識重視の教育になっていったのではないでしょうか。知識だけを問われるならば、知識注入型の学習は、効率がよいので理にかなっています。

そうした実情に対して、福沢諭吉が批判の声をあげます。

また、いたずらに文字を教うるをもって教育の本旨となす者あり。今の学校の仕組は、多くは文字を教うるをもって目的となすものの如し。もとより智能を発育するには、少しは文字の心得もなからざるべからずといえども、今の実際は、ただ文字の一方に偏し、いやしくもよく書を読み字を書く者あれば、これを最上として、試験の点数はもちろん、世の毀誉もまた、これにしたがい、よく難字を解しよく字を書くものを視て、神童なり学者なりとして称賛するがゆえに、教師たる者も、たとえ心中ひそかにこの趣を視て無益なることを悟るといえども、特立特行、世の毀誉をかえりみざることは容易にでき難きことにて、その生徒の魂気の続くかぎりをつくさしめ、あえて他の能力の発育をかえりみるにいとまなく、これがために業成り課程を終えて学校を退きたる者は、いたずらに難字を解し文字を書くのみにて、さらに物の役に立たず、教師の苦心は、わずかにこの活字引と写字器械とを製造するにとどまりて、世に無用の人物を増したるのみ。(9)

「活字引」や「写字器械」というのは、おもしろい表現ですが、知識はあっても、自分では何もできない学生を指してのことです。実学を重んじた福沢らしい表現です。

教師も「心中ひそかにこの趣を視て無益なることを悟」ってはいても、社会がそれを容認してしまっていたのでしょう。

世界的な物理学者の仁科芳雄も次のように述べます。

今日までの科學教育はともすれば詰め込み主義に陷つてゐる。これでは子供の持つてゐる想像力を殺してしまふことになる。凡て教育なるものは被教育者に潛在する能力を最大限に發揮するやうに導いてやるのが目的であつて、生徒を型に入れて育て上げるとか、生徒の頭脳を教師の思ふやうに作り上げるとかいふのは決して教育の趣旨ではない。殊に知識を只詰め込んで見た所で、それを活用する能力を殺してしまつては、何の役にも立たない。これは幼少なものの教育については特に必要なことであり、又創意を必要とする科學者の教育について先づ心得べきことである。(10)

小原國芳は、さらに過激です。

学問教育については、全く、言語道断です。詰め込み、棒暗記、入学試験準備、出世病！　甚しきはカンニング！(11)

これは、当時の海軍は、兵学校の卒業試験の席次が、その後の出世に大きく影響したため、試験対策の暗記中心の勉強しかせず、さらにはカンニングも横行しました。それが本来の教育からかけ離れていることから、こうした言葉が出たのです。

そして、次のように述べます。

いうまでもなく、与える give する教育よりも、つかませる catch させる教育が尊いのです。教え込む teach する教師は下の下です。学習させる教師、study させる教師でありたいのです。大学生を student と呼ぶワケを特に大学教授はわかっていて欲しいのです。暗記よりも発明工夫、詰め込むよりも創造すること、分量よりも「好き」にすることです。(12)

このように知識注入型の授業へは、教育者だけでなく多くの人が批判の声をあげています。当時、ある意味最高の教育者であり、文化人であった福沢諭吉や世界的な物理学者である仁科芳雄が批判しても、学校も授業も変わることはありませんでした。

それは、一つには受験という制度があり、もう一つとして、教育関係者だけでなく、保護者、社会一般が、旧来の学校のイメージから脱却できなかったことと、知識こそが学力であるという学力観から抜け出せなかったからではないでしょうか。

及川平治は、従来の教育法（静的教育法）では、「知識が堆積した」「記憶により学習した」と言い、動的教育法では「知識を消化した」「思考により学習した」と言い、動的教育法を推奨していきます。

澤柳政太郎も同様に、次のように言います。

善良なる教師は學生をして思考せしめ、その教授した知識を消化せしむるように指導するもので

ある。唯々多く事実を教授し、學生の要求に応じて知識を授くる教師は、真の善良なる教師と称することは出来ぬ。(13)

繰り返しますが、知識注入型、伝達型の授業を批判しても知識の重要性は否定していません。その与えられた知識をためるのか、消化するのか、そして、その知識の質が求められているのです。

そして、現代において、もう知識量だけではダメだというのが実感として広まってきているのではないかと思います。特に、ネットで簡単に知識を得られるようになりました。ネットで検索するだけでは、問題が解決できないことは理解されてきていると思います。カンニングも、昔とは違って、ネットで人に尋ねるスタイルが出てきました。カンニングも学び合いになってきました。

授業観を転換する―生活科のめざす授業観―

こうした知識注入型授業から離れられないのは、その授業観のためであるとして、授業観の転換が求められるようになってきました。

林竹二も授業観の転換の必要を説きます。

いま求められているのは、根本からの授業観の転換です。授業が一定のことを教えて覚えさせる仕事ではなく、深いところにしまい込んである、それぞれに形態の異なる子どもの大事な「たから」を探し当てたり、掘り起こしたりする仕事（教材はその道具なのです）なんだということになってくれれば、教師の活動はひじょうに違ったものになるし、教師としてもひどくこれは楽しい仕事になるだろうと思うんです。[14]

林が「いま」と言ったのは、一九七四年のことです。それまでも、福沢諭吉をはじめ、多くの人が知識を与えるだけの授業を批判してきましたが、変わってこなかったのです。だから、「根本」からの「授業観の転換」が必要だと言うのです。

生活科の発足のキーパーソンで、総合的な学習を主導した中野重人も、授業観を転換する必要を説き続けました。生活科も総合的な学習も、知識を与えるだけの授業ではありません。この成功のためには、授業観を転換することが必要だと考えたのです。

中野重人は「生活科の求める授業像は『メダカの学校』である」と述べます。明治以来の学校は「スズメの学校」であり、「ムチを振り振りチィパッパ」と教師主導の一斉授業でありました。それが「だれがせいとでせんせいか」となるのが生活科だと言います。

中野重人は、生活科の授業観について次のように言います。

「生活科は教えなくてもよいのか」ときかれる。それは、生活科の授業は教えること、すなわち指導をおろそかにしているという指摘なのである。

そもそも、教えなくてよい教科、指導しない教科などあるはずがない。分かりきったことである。

（中略）

その生活科授業づくりにあって、教師の役割、教師のかかわりが、問題にされたのである。教師は教える人、子どもは学び覚える人という伝統的な教師観、子ども観の見直しである。それはいうまでもなく、授業観の変革を意味している。(15)

私は、伝統的な教師主導の一斉授業をまったく悪いものだとは思いません。子どもによっては必要なこともあるでしょう。しかし、生活科や総合的な学習のような教育を展開するとなると、そうした授業観だけでは問題があります。中野重人の言うように、授業観の転換が必要になります。

ただ、こうした授業観を転換してきた教師も多くいます。

秋田喜代美は、教員志望の学生からベテランの教員まで、それぞれがもつ授業イメージについて調査しました。それによると、大まかに授業を「伝達の場」と「共同作成の場」の二つのイメージで捉えられていることを明らかにしました。その調査では、学生や若い教師ほど授業を「伝達の場」として捉え、ベテランになると「共同作成の場」と考えるようになるとのことです[16]。

以前、ある教育実践者から同じようなことを言われました。「若い人ほど、古い授業観だ。大学を出たばかりの若い人に授業のイメージを聞くと、高校の授業のイメージで語る。」そして、ベテランの教師ほど、経験を積み重ねて、新しい授業観をもつようになる、とのことでした。これは、私の会ってきた教師を見渡すと、ほぼ合っているように思います。

私もこの例にもれず、最初の仕事に就いたときは、高校の講義形式の授業しかイメージできていませんでした。

そのころは、ちょうど生活科が学習指導要領に位置づけられるときです。従来の講義形式の授業しかイメージできない自分にとっては、生活科の授業はどのようになるのか、まったく想像もできませんでした。そこで、研究会などに参加していろいろと勉強もしてみました。

その生活科の発足のころ、今井鑑三が主宰されている国語教育雑誌の編集のお手伝いをしておりました。

あるとき、今井鑑三から「新しく出された生活科という教科はどんな教科なのか」と尋ねられました。私は、雑誌や書籍、講演などで聴いたことをもとに説明したところ、「そんなことはとっくにやっていたよ」と言われたのです。

今井鑑三は、奈良女子大学附属小学校がまだ奈良女子高等師範学校附属小学校のころから勤められていました。つまり、いわゆる奈良プランを、そのど真ん中で実践されてきたのです。

中野重人も生活科のルーツの一つに奈良女子高等師範学校の合科学習、奈良プランがあることは明言しています。だから、今井鑑三にとっての生活科はとっくにやってきたことだったんです。

戦前の奈良女子高等師範学校附属小学校の学力観（大正期の新教育運動全般の学力観も含めて）が、新しい学力観、授業観だというのはおかしな話のようですが、実は、こうした授業観は、長い歴史があり、生活科から始まったわけではありません。今、流行のアクティブ・ラーニングのルーツも、大正新教育運動に見られます。

中野重人は、生活科の発足のころ、全国で講演や雑誌の原稿で、この生活科の授業観を広め、現場の教師の授業観を転換しなければならないと考えていました。そこで、この授業観について、とてもおもしろい喩え方をしています。

その一つは、メダカの学校とスズメの学校です。もう一つ馬方教育論と牛追教育論とも言います。生活科以前の教科を馬方教育論、生活科を牛追教育論とします。

馬方は、馬の前に出て、鼻を引っ張っていきます。教師が子どもを主導しているイメージです。牛追は、文字通り、牛を後ろから追い立てていきます。牛が若干ふらふらしてもいい、迷ったりしたときに助ける、つまりは子どもに主体性をもたせた授業イメージです。

また、教科教育は基本的には内容と目標があり、そこに到達することをねらって授業がなされます。中野重人はそれを「ここまで来い来いの教育」と表現します。それに対して生活科や総合的な学習の時間では、教科の目標や内容ではなく、子どもの主体的な興味関心に即した「めあて」を子どもにつくらせ、それに向かっていく、「それぞれ違ってもいい教育」だと表現します。

そして次のように述べます。

それを僕の言葉で言えば、目標に揃える教育である。揃う子どもはいいが、揃わない子どもが困る。学校は、これだけを非常に重視するところに問題があるのではないだろうか。ここで元気が出ない子どもは、もう行かない。教室に入らない。そういう子どもが、いまわんさと出てきている。（中略）

この子どもたちを救うには、各教科の教育をいくら強調してもだめだと思う。ここまで来い来いの学校では、この子どもたちは救えない。お前らが元気が出るものもあるんだよ、お前らが元気が出るものは何だというものを学校の中の一部に取り入れなければいけない。生活科は、それに非常に近いと思うが、今度の生活科の延長線上にある総合というのは、そういうことを一つのねらいとする。ここまで来い来いではなく、どの子にもやる気と自身を持たせるようなことが学校でできないのか。(17)

まず、生活科の授業観を紹介しましたが、これは、従来の授業との違いがわかりやすいので、私は、若い人の授業観を転換するのに例としてよく用います。私自身が授業観を変えることができたのは生活科のおかげもあります。

そうした授業観で、他の教科である国語や算数、社会科などを見ていくと、それまで見えなかったことが見えるようになったように感じました。

坪田耕三が、印象深い授業として松山武士の授業を紹介しています。

子どもが黒板の前に出てきて、その考えを説明している。先生は窓際に立って子どもの話をにこにこしながら聞いている。その様子が強烈な印象に残っているのである。私には、当時、先生は教卓の所にいて、子どもの方を向いて説明するように授業するのだという固定観念があって、これが覆され、忘れられないものになった。以後、自分でもそれを真似しだしたのである。子ども同士で授業が展開する。今にして思うと、それが私の授業観の原風景にもなっている。[18]

これは、まさしく中野重人のいうところの「メダカの学校」ではないでしょうか。おそらく生活科が発足する以前の授業だと思いますが、生活科のような授業観をもった教師が、生活科以外の教科でも実践していたのです。

おそらく、今井鑑三の国語の授業観も、ほぼ生活科の授業観に近いものだったのだと思います。

大正新教育運動の授業観

その生活科や総合的な学習のルーツとも言える教育運動が、大正期に展開されます。いわゆる、新教育運動です。大正自由教育運動とも言われます。

木下竹次、澤柳政太郎、及川平治、小原國芳らがその中心でした。

生活科のルーツとされた奈良女子高等師範学校附属小学校の実践の中心の一人が木下竹次です。

その著書が『学習原論』ですが、当時は、「学習」という言葉は一般ではありませんでした。それでも木下は、意図的に「学習」という言葉を使います。

私は学習の名称を用ゐる。時には自律学習と云ふが、その自律的たる形容詞も時には誤解の種子となることがあるから用ゐない方がよいかとも考へる。只教育と云へば教師の側面から眺めた様に思はれるから、児童の方から眺めた学習と云ふ名称を用ゐるのである。

学習に於いては、自ら機会を求めて活動することを頗る重要視する。初学年の児童でも之を学習の境遇に導き込んで置くと、次から次へと機会を求めて活動を継続するものがある。これに反して、相当な天稟があるにもかかわらず敢えて自ら機会を求めず一々教師の指導を待って活動しようとするものがある。この両種の児童中自ら機会を求めて動くものが多く進展することは事実である。教師中心の教育に於いては此の重要な要件に自ら遠ざからせる傾向がある。[19]

この木下竹次に触れた中野重人は次のように述べます。

このように、木下にとっての学習とは、「経験的自己を向上させること」が目的であって、知識技能の修得がねらいではない。学習の目的は、「生の要求を完うするが為に創造の力を創造的に使用する作用を修得すること」なのである。こうして、木下は他律的教育から、自立的学習へと転換することの必要性を説くのである。[20]

今では、学習という言葉が一般的に使われていますが、それは木下の時代の教授に相当するような意味になってきているのではないでしょうか。そして、木下の求めた「学習」が、今は「学び」と表現されているように思います。

木下竹次は、奈良女子高等師範学校附属小学校で教育雑誌『学習研究』を創刊します。この雑誌は、現在まで続いて、すでに四八六号を数えています。

この「創刊の辞」に木下の授業観、教育観が表れています。

学習すなわち生活であり、生活直ちに学習となる。日常一切の生活、自律して学習する処、私共はここに立つ。

他律的に没人間的に方便化せられた教師本位の教育から脱して、如何に学習すべきか。如何にして人たり人たらしめ得るか。そのよき指導者こそ教師の使命である。

自律、真摯、教師の伸びることによって子供も伸び、子供の伸びることによって教師も伸びる。おのおの正しく美しく健やかなる自己を建設し、文化の創造を図る。(21)（後略）

大正時代の新教育運動はデューイの影響を強く受けました。この創刊の辞にも経験主義的な思想が見て取れます。

今でも「学び合い」では教師の指導がない、それでよいのか、といったような批判があります。木下の時代でも同じ批判があったのでしょう。木下は、「学習は教師の指導の下行われる」「全く教師の指導を欠く学習は学校期の学習ではない」と言います。では、教師の指導とはどのようなものなのでしょうか。木下は次のように述べます。


教官の言行をもって直接に児童生徒の言行を拘束し指導するのは教師中心主義の教育法においては大いに重視するわけであるが、児童中心主義の学修法においては教師は直接に学習者を動か

すことを成るべく避けて、できるならば間接に指導し児童生徒に自ら進んで学習を遂げさせようとすることを重要視する。(22)

人あるいはかくのごとくすると教師の教権がなくなる。教権なくして果たして教育ができるだろうかという。学習が徹底すると教権を用いるところはすくなくなる。(中略)教権をもって学習者に臨むことは教師の権勢欲を充たす以外になんら効力もない。教権をもって臨むのは自由人格を育成するゆえんではない。(23)

そして、「学習者に無縄無型の拘束を加え、しかも拘束を感じないようにしていく」とも述べます。子どもが気づかないように指導していくというのです。そのため、「心と心の感応作用をもって」行い、学習環境を利用していくのです。それが、木下の指導のあり方でした。

以前、この奈良女子高等師範学校附属小学校で学んだという方の話を聞いたことがあります。それは、朝、友達と「今日は何を勉強しようか」と相談しながら登校したというのです。学校について、「今日はこれを勉強したい」と教師に伝えると、だいたいが実現された、というものでした。

同校の研究会がまとめた『学習叢書　わが校の教育』には、子どもの一日として次のように紹介されています。

教室では「朝の会」が始まる。今日の生活の計画を立てることを中心に、それに即しての注意、打ち合わせが児童相互に語られる。（中略）

このように一日の計画が定められると、あとは仕事単位に時間割が進められる。四十分にしばられることもなく、科目のしきりにとらわれることもない。計画が立てられ、学習の内容がわかっているので、たとえその時間となって先生がみえなくてもの、学習は自発的に始められる。標準的な時間割は一応立てられてはいるものの、それに固執するのでもなく、また無視するのでもない。要は仕事と相談し、時計と相談することである。特に水曜の自由学習の日は時間割なしの日で、朝から一切が児童の自主的態度によって運ばれる。(24)

子どもの自主性、主体性を核にした、教育活動が進められている様子がわかります。先に紹介した同校で学んだ方の話は、水曜の自由学習だったかもしれません。

これは昭和二十一年十一月発行です。木下竹次が同校を離れて六年経っています。それでも、同校では、木下の『学習原論』を精読し、木下の考えた教育を展開していました。戦中には、こうした教育は厳しく制限されていましたが、それから解き放たれて、戦後の新しい教育運動へ展開していく時期です。この時期、同校には、全国から一万を越える参観者があったと言います。

澤柳政太郎と小原國芳

木下竹次は「学習」と表記しましたが、その少し前くらいに、澤柳政太郎は「学修」という表記を採用します。

今は、大学での学びを「学修」と表現するようになりました。小中高での「学習時間」は大学では「学修時間」と表記されます。

これは、「大学設置基準上、大学での学びは『学修』としている。これは、大学での学びの本質は、講義、演習、実験、実習、実技等の授業時間とともに、授業のための事前の準備、事後の展開などの主体的な学びに要する時間を内在した『単位制』により形成されていることによる」からだそうです。今まで、教員による一方的な知識の伝達であった講義だけでなく、大学でも主体的に学ぶようにしなさい、というメッセージでもあると思います。

この「学修」という用語は、辞書を引くと「学問をまなびおさめること。学習。修学。」とあります（大辞林　第三版）。確かに大学での学びのようでもありますが、学習と同義のようでもあります。文部科学省の答申にあったような「主体的な学び」という概念は、辞書にはありません。

澤柳政太郎は、この「学修」を主体的な学びの意味として使います。澤柳政太郎は、『学修法』を明治四一年に著し、その序で、学修を「学生の側から見た教育」と言います。

仰々教育とは如何なることを意味するんか。學者に依りその説く所多少の相違はあるけれども、多くは成熟したる者が、未だ成熟せざる者に向つて道徳的品性を養成せんが爲に施す所の意義にして、方法を備へたる所の影響であると云うのである。説く人に依って其言葉に相違があるけれども、大體右に述べた意味に於て相一致して居るかと思ふのである。自分も此定義を敢て誤れりとはしない。併ながら動もすれば此定義は誤解を生ぜしめる憂があるかと思う。教育を受くるものは、此定義に依れば、専ら受動的にして活動的なるは教育を施す者の側に存ずるが如く解釋せられる。既に教育という定義を見ても教へ育てるとあって教育者の働きを主として居る。（中略）教育ははたして教師の働きを主として見るべきものであるか。教育の目的物は被教育者である。被教育者は常に受け身になつて居つてよいか。被教育者も教師と同様に働くことを要するのではないか

授業といふのは教師の側より言ふのである。生徒の側より言へば受業というのである。受業といふものも他動的に聞こえる。自動的の意味で言はうとすれば、學修と言ふ外はない、こゝには學修を専ら知識の修得上の動きとして解する。（中略）授業は必ず學修即ち自発的奮励と相俟たなければ其効果がないと信ずる。たとえ、教師の業を受くることがないにしても自ら修め、獨りで學ぶということがある。即ち學修は授業を離れても出来る。然るに授業のみあつて學修が伴はな

かったときは、授業の効果がないのである。(25)

従来の「教育」では教師が中心であり、学習者は受け身でした。そうではなく、学習者の主体的、自発的な学びを強調する意味で、「学修」と名づけたというのです。自習法などの言葉も考えましたが、それだと独学のイメージがあり、適切ではないということで、学修法と名づけたそうです。

澤柳政太郎は、文部官僚でもあり、東北帝国大学や九州帝国大学、奈良女子高等師範学校を創設します。また、教育者として東北帝国大学初代総長、京都帝国大学総長を歴任するという、当時として最高クラスの教育者でもありました。社会への影響力も大きかったのではないかと思います。そして、成城小学校を設立し、そこが大正自由教育運動の震源地ともなります。

そして、その澤柳政太郎が成城小学校に招いたのが小原國芳です。小原は、木下竹次の鹿児島師範学校での教え子でもありました。

その小原は、次のように述べます。

考えてみれば、人間ほど個性差の大きいものはけだし、宇宙間にないと思います。何物ともかけがえのない本質を持っとる上に、質において、量において、深さにおいて、速度において、時期において、全く千変万化です。同じカリキュラムや、同じ時間割からが恐しい束縛ではありませんか。

（中略）

特に、私は「自由研究」というものを提案します。

これも小学部、中学部、高等部では実施できとるのに、大学部では中々容易ではありませぬ。上ほど、やり易いはずなのに、学生には、とても面白いはずなのです。だが教授たちに大きな問題があるようです。ただ話す、講義する、筆記させることの方が遙かに楽だからです。自学を主にすれば、周到なる工夫と、多くの設備と、懇切なる用意が必要です。何層倍もの苦労を覚悟せねばなりませぬ。

小学部、中学部、高等部ではすでに、時間割なども撤廃して、児童、生徒たちはメイメイの計画をたてて、めいめいの進歩と深さによって見る目も美しく、ドシドシ、真剣な自学を進めています。バーカスト女史が「児童大学」と称したほど。

けだし、大学の本質は自ら学び、掘りとり、開拓することでしょう。子供たちは勇敢な自学です。だから、立派な児童大学なのです。

かくて、自学の結果は中以上の子供たちは時間が相当に余ります。その余った時間で、最も興味ある問題に没頭させるのです。劣生でも、時間をみつけて、相応の自由研究をさせます。実に、恐しく偉大なる結果が多方面的に現れます。(26)

子どもが多様であること、だから固定化されたカリキュラム、時間割はふさわしくない、ということです。そのため「自由研究」が考えられます。この「自由研究」は今の夏休みの宿題で課されるものとは違います。「自ら課題を見つけ、自ら学ぶ」というものだと思います。このあたりは、小原の恩師でもある木下竹次と共通するところでしょう。

小学校で「自由研究」ができるのに大学ではできない、というのは、現在とも同じ状況だったのでしょう。アクティブ・ラーニングが大学で求められるようになった事情とほぼ同じように感じます。

及川平治の動的教育法

関西の新教育運動のもう一人の中心は、明石女子師範学校附属小学校の及川平治です。及川平治は分団式動的教育法を提案します。分団式は、今で言うところの集団学習です。木下竹次なども実践の具体例として分団式を提案しますが、及川平治の分団は習熟度別で、木下竹次は、習熟度別に反対します。及川平治の場合は、家庭の貧困などから落ちこぼれていく子どもをなんとか救おうとして、試みたものでした。

動的教育法は、「1為すことによって学ばしむること、為すことを通して学ばしむる教育なること。2本能動力説に従い、児童の学習動機を惹起するをもって教育の最大職能となすこと。3吾人の生活に価値あるものを獲取しこれを支配するに堪能なる人をつくること」としています。(27)

大正時代の文章なのでわかりにくいところもありますが、八大教育主張教育講演会でトンボをとろうとする子どもの姿から、具体的に紹介しています。

静的教育では、トンボをとるという学習では、捕虫網の「形態、構造、種類、効用を覚えたか。誰それいってみよ。まとめていってごらんなさい」という学習になります。しかし、「そうしてまとめるときにはよくできる子供ばかりよくやって、劣等生には在学中一ぺんもまとめたことはない」となります。

動的教育では、次のようになります。

いまここに子供が蜻蛉を見た。「ああ取りたいなあ。」という欲が起こった。そこで過去の経験から、わり出して手で掴もうとする。「やあ逃げた、しまった。」と、これから帽子を持っていってかぶせた。これはまれには取るけれども容易には取れない。「何とかしてもっと近づかないでも取る方法はあるまいか。」と考えて竹の輪に前掛けを引掛けて作った。これは前よりはよほどよいけれどもどうも風の通りが悪い。そこで今度は網を持ってきて輪に掛けて取った。これならばだいぶ取れると、こういうことになるのであります。そのときにおいてこの蜻蛉の取り方、蜻蛉を取るための活動過程は題材であります。この蜻蛉の取り方という知識を子供が自分で構成したのであります。自分の構成を創造といってもよいのであります。それからこの蜻蛉の取り方という知識は「取りたい」という要求をもって（その要求はあるいは好奇心から起こっているかも知れない）……、その要求を満たしたいというためにその方法を見出したのであります。そういう場合においては知識は要求満足に意味ある作用であります。（中略）試行錯誤は子供のもっとも大事な学習であります。そこでこの蜻蛉の取り方という活動過程が題材であってそれが真に要求を満たしうるように組織することが構造すなわち創造であります。その場合において子供はその知識技能を自ら組み立てたのでありますから、自学であります。ゆえに「自学とは題材を自力によって構成する作用であります。(28)」

そして動的教育法と静的教育法について次のように整理しました。

静的教育法	動的教育法
題材の構造が主となった	題材の機能が主となった
研究の目的は確かに意識されない	児童は意識的に学習した
児童は知識を収納した	児童は知識を発見した
知識が堆積した	知識を消化した
記憶によりて学習した	思考によりて学習した

教師の講話を聴いた	為しつつ学んだ
非実用的の教育であった	実用的の教育であった
応用の意気を生じない	応用の意気を生じる
嫌悪的態度で学んだ	快楽的態度で学んだ
研究者の地位に立たない	研究者の地位に立った
心のみはたらいた	目と手と足と心と共働した
知識は孤立した	知識は組織立てられた
いわゆる教授のみであった	教育（教授・訓練・養護）があった
教師の教式を尊重した	児童の研究式を尊重した
教授時間であった	教育時間であった
使用の機会を与えざる知識となった	知能は実地生活に連絡した
教師と児童との間は冷ややかであった	教師の霊感は室内に満ちた
唾壺そのものが題材となった	唾壺についての考えが題材となった
無動機、苦悩の学習で虚弱者をつくった	有動機、有興味の学習で有能者をつくった[29]

唾壺とあるのは、これを紹介した実践が唾壺を教材にした実践だからです。唾壺を教材と読み替え

てもよいと思います。この授業の様子を及川は、「余は唾壺の機能に関する問題を与えたる後、約三十分間ははなはだ閑散であった。小言をいう必要もなければ問答の必要もなかった。よりて椅子を劣等生の側に移して着席し、始終彼等に暗示を与えた」と言います。そして、その授業から得られた暗示として、この動的教育法と静的教育法の対照表を示しました。

この対照表は、これから授業を見ていくときの、視点として活用できるのではないでしょうか。動的教育法では、「試行錯誤は子供のもっとも大事な学習であります。そこでこの蜻蛉の取り方という活動過程が題材であってそれが真に要求を満たしうるように組織することが構造すなわち創造でありますす」とも言います。静的教育法では、そうした試行錯誤はありません。教師があらかじめ用意した知識をまとめるように子どもは向けられます。

子どもが試行錯誤を通して学ぶ

平林一榮も、こうした及川の言う試行錯誤に近いことをスケンプの例から紹介しています。

それは、はじめて見知らぬ町へきて、宿から目的地へ所用でいくための特定の道を覚える活動と、その町をぶらぶら見物してまわる活動との比較である。彼（スケンプ：筆者注）は、それぞれをこの町の「用具的」・「関係的」理解にたとえながら、次のように述べている。

《この二つの活動は非常に異なったものだが、はためから区別しにくい。（中略）しかし、一旦道をふみはずしたとき、（前者は）忽ち路頭に迷ってしまう。歩いた道を逆にたどって出発点へ戻らないでは、そのまま迷いつづけるであろう。（中略）（一方、後者は）誤った道へ入っても、自分はどこにいるかをちゃんと知っていて、迷わないで出てこれるばかりか、そのことから学ぶことさえある。》

今日の算数・数学教育の大部分は、上のたとえの前者に相当するようなことばかりであろう。子どもに一本の道を指定して、その上をわきめをふらずに歩く練習ばかりさせて、自由にぶらぶら歩きをすることを許していないように思われる。その報いは、おそらく将来子どもが全く新しい問題に当面したとき現れるだろう。途方にくれるか、それとも何とかして局面を大解するか、そのいずれかであるかはおのずから明らかであろう。[30]

同様に、村井実は、従来の教科教育を「定期航路方式」と言います。それに対するのが「大航海方式」です。コロンブスのように、目的地をもたず、いつか大陸にたどり着く、そして、その航海を助けるのが、教育だと言います。[31]

こうした学習の比較を、平野朝久は、「学んだ者の論理」と「学ぶ者の論理」として説明しています。「学んだ者の論理」では、学んだ者は、すでに知識として身につけているので、学ぶ者に、それを最短距離で達成させようとしてしまいます。スケンプの言う「特定の道を覚える活動」です。当然、子どもが試行錯誤をすることもありません。「学ぶ者の論理」は、まだ知識として獲得されていないので、自分で、紆余曲折しながらゴールをめざします。スケンプの言う「ぶらぶら見物してまわる活動」です。

そして平野は次のように主張します。

学ぶ者の論理は、しばしば不合理な道で、学んだ者の論理は合理的な道である。教育は、不合理で無駄の多い思考を合理的な思考にすることであるという主張もあろう。それはもっともらしく聞こえる。しかし、目的はそうであっても、実際に学ぶときに筋道は、上記のような学ぶ者の筋道を経なければならないのである。支援も、あくまでその筋道に添ったものでなければならないのである。(32)

及川平治、平林一榮、スケンプ、村井実、平野朝久、時代を超えて、空間を超えて、共通するところがあります。そうしたところからも、大正期の新教育運動の授業観をみるのは、価値のあることではないでしょうか。

多様な授業観

これまで紹介してきたように、授業観は多様です。それこそ実践者、研究者の数だけあると言っても過言ではないでしょう。また、一人の授業者、実践者であっても、「授業とは何か」を様々な言葉で表現しています。

斎藤喜博の『授業入門』のサブタイトルに「文化の再創造としての授業」とあります。これも、授業観の表れの一つでしょう。斎藤喜博はあとがきに次のように書いています。

私は、教育という仕事は、「イデオロギー」とか「生活認識」とかいうことではなく、文化財を正確に子どもに獲得させ、それをさらに拡大深化し再創造する力を子どもにつけて行くことだと思っています。そしてそれは、すべて「授業」によって実践されるのだと思っています。(33)

『授業入門』では、「教材（文化財）」と表記されている箇所もありますので、ここで言うところの文化財とは、教材であったり学習内容のことでしょう。斎藤喜博は、ただ単に学習内容（知識）を身につけさせるだけの授業ではだめだと言っています。身につけた知識をさらに「拡大深化し再創造する力」をも身につけることを授業のねらいとしているのではないでしょうか。

これは授業の目標をもとにした授業観とも言えます。

こうした授業を実現していくために、授業を次のようにも言います。

授業とか指導とかは、そういうものではない。真理とか正しさとかを持っている、またそれを追求しようとする教師と、小さいながらも、真理とか正しさとかを持ち、より真実とか正しさとかに近づこうとするねがいを持っている子どもとが、学級という集団のなかで相互にそれぞれの思考や論理を出し合い、はげしく衝突し合っていくものでなければならない(34)。

「そういうものではない」と言うのは、真理とか正しさを追求したいという子どもを無視して、高いところから一方的に教えようとするやり方を指します。これは、子どもをどう理解するか、そして子どもとの関係を通して授業を語ります。

また、次のようにも言います。

私は「授業」という仕事は、激しく厳しいものなのだと思っている、教師というひとりの人間が、自分の気力、体力、知識、創造力のすべてをふりしぼって出し、そのすべて投げかけて子どもたちと対決し、子どもたちのなかにあるものを、ときにはないものまでを、無理にでも引きずりだしていく激しい作業だと考えている(35)。

斎藤喜博ならではの厳しさ、激しさがあります。それは、次の言葉でも表現されます。

「授業は試合である[36]」

ある日、五年生の子どもたちが斎藤喜博に「校長先生、勉強試合をしましょう」と申し入れてきます。その前の国語の授業で、斎藤と子どもとの間に解釈の違いがありました。その後、子どもたちだけで検討し、自分たちのほうがよいのだと、勉強試合を申し入れてきたのでした。それを受けて、斎藤は「汗だくで子どもたちと格闘」します。その結果は次のようになりました。

この授業では、子どもたちもそうだが、子どもたちと格闘することによって、むしろ私自身が、その教材に対しての、新しい解釈を持つことができたのだった。

授業はこのように、教師と子ども、子どもと子どもの激突によって、絶えずそのときどきの新しいものを発見し、生み出し、創造していくものである。新しいものをつくっては、それを踏み台にして、積み上げ積み上げしていくものである[37]。

だから、授業は「内面的な強さ、強じんな精神を持ってはじめてできる作業」であるとも言います。

そして、子どももそうした教師との格闘を受け入れ、戦っていきます。
また、斎藤は、「授業はコミュニケーションの組織である」とも言います。
斎藤の言うコミュニケーションとは、次のようなものです。

かりに、ひとりの教師とひとりの子どもとの問答とか問い返しとかの場合でも、その問題は、たんにふたりだけの問題ではなく、学級全体の問題になり、学級全体にパッとひろがっていく、学級全体の子どもがその問題についていっしょに考え、「そうだ」と思ったり、うなずいたり、新しい疑問を持ったり、新しい考えをそれにつけ加えたりする。学級全体にはげしいコミュニケーションが起こり、そのことによって、問題が拡大されたり、深化されたりし、教師も一人ひとりの子どもも、新しい次元へとはいっていく。こういうものだけが、人間に何かをつけ加えたり、人間を変革させたりするコミュニケーションである。(38)

そして、教師の側からの一方的な伝達を「つめたい」と表現し、「子どもに疎外感を持たせ」「子どもを分裂させてしまう」と言います。

そのほか、多様な授業観があります。

吉本均も、教師の働きかけ、子どもの応答にも触れ、授業を「相互主体的な応答の場」と言います。

明治以降、わが国の学級には、冷たい管理や「教化」の伝統も強いし、子どもたちが、知識伝達の単なる対象として扱われ、選抜されるだけのところになっている学級体質が根強く存続し、いっそう強化されている。

学級は、とくに、そこでの授業という営みは、子どもたちのものにはなりにくいのである。しかし、それにもかかわらず、いや、それだからこそ、われわれは、どうしても授業というものを子どもたちのものにし、かれらが「自分たちのもの」だと実感して、能動的に立ち上がるようなものにしなくてはならないということ——そのことを、「学習集団」の課題としてうけとめ、研究し、実践するということになったのである。

教師の働きかけが、子どもたちの身にかかわり、微笑したり、うなずいたり、応答してくれたときにのみ、教師としての存在感が生じ、居場所をうるのである。

そういう意味で、教師と子どもとの関係は、教えるもの（主体）と教えられるもの（客体）という関係ではなくて、相互主体的な応答関係なのであり、それ以外の何ものでもないし、またあってはならないのである。(39)

中野重人の後、生活科を主導した嶋野道弘は「授業とは、教師が意図を持って子供に働き掛け、学習のねらいを実現していく営みです[40]。」と述べます。やはり、教師の働きかけが大きなポイントなのです。

澤本和子は、「授業は子どもと教師の共同的な知的創造活動の場」であると述べます。

筆者のめざす「学び」とは、外側の知識を受容しながら協同で検討することであり、また協同で追求するに値する問題や課題を生み出す能力を育てることである[41]。

そうした授業の例として、小学校一年生で、ひらがなを学習した後の短文の授業で「い」と「こ」を間違えた子どもへの指導を紹介しています。

多くの教師はこの間違いを赤字で修正して終わるでしょう。しかし、澤本は、「おもしろいことに気づいたね」と「い」と「こ」の異同を確認し、さらに「ま」「ほ」「は」「け」など字形の似ている文字へと発展させていくのです。そうすることで、子どもは単なる機械的な記憶としての受容から、字形の特徴を捉えた文字理解の文脈に気づいていきます。

渡辺哲男は、この澤本の実践について次のように述べます。

こうした「間違い」に対する教師の態度は、旧来的な、知識を与える権力者としての享受する被権力者としての学習者という二項図式を乗り越え「子どもと教師の共同的な知的創造活動の場」をもたらすことが可能になる[42]。

斎藤や吉本、澤本からは、それぞれの授業論を展開する上で、教師の立ち位置、子どもとの関係性が重要になってきていることがわかります。中野重人も、授業観の転換は、「生活科授業づくりにあって、教師の役割、教師のかかわりが、問題にされたのである」と言います。このような教師と子どもとの関係で授業を捉えることが必要でしょう。

また、斎藤喜博の著書『授業』のサブタイトルは「子どもを変革するもの」です。そして次のように述べます。

教師でも子どもでも、実践することによってだけ自分を変えていくことができる。授業は、そういう意味では実践の場である[43]。

同じように、次山信男も授業を「『変わる自分』を自覚する場」と述べます。

授業は、今日の子供が昨日までの子供よりよく変わることを、そして、明日の子供が今日の子供よりよく変わることを願って進められる。授業の工夫もそのために進められる。論理的に言えば、そこでは当然のように子供の変わる姿や変わった姿を見届けながら進むということになるはずである。しかし、そこではそれについてのほんのわずかの手応えを頼りにしながら進んでいくしかないのが実際なのである(44)。

それは逆に言うならば、子どもが変わらなければ、それは授業ではない、ということではないでしょうか。その意味で、「子どもを見るときは、点ではなく線で見なければならない」、そう主張した実践者もいました。「成長」も授業を表す重要なキーワードです。

自分なりの授業観をつくる

ここで紹介した授業観は、ほんの一部です。

ただ、著名と言われる実践者や教育研究者は、それぞれ自分なりの授業観をもっていることがわかると思います。

そして、見てきたように、その授業観には共通する部分も多くあります。それは明治でも大正でも昭和でも、時代を超えて言い続けられてきた部分です。それをみると、今、アクティブ・ラーニングが進められている理由もわかるのではないでしょうか。

また、授業観は、「授業とは何か」というのに直接答えているだけでなく、指導案など、いろいろな場面にも現れてきます。

例えば、算数の問題解決学習批判には「クラスにいる特別な支援の必要な子どもに応じていない」とか「たった一問を時間をかけていて問題数が少ない」などがあります。前者は、授業を全員が一律で行う一斉授業と捉えている授業観が背後にあります。特別な支援が必要な子どもがいても、子ども一人ひとりに応じた授業であれば、問題ありません。また、後者の批判は、問題数をこなすことを授業だとする授業観です。このように言葉の端々に授業観が現れてきます。

秋田喜代美は、それらを「語りの言葉に現れる学習観」と表現します(45)。

例えば、「いわゆる学校改革を志向した本では、『新しい』『創造』『構成』『変わる・変える』という言葉がカリキュラム編成や授業法に関して頻繁に使われる」と言います。そして、学校全体で取り組む際には、こうした言葉が必要になってきます。それは、「指導の言葉でなく、学びの視座を示す言葉をもつこと、つねに学びを機軸に考えることが、教科を超えて教師がつながり、生徒の学習がつながる契機を作り出している」からです。つまり、共通する言葉で、共通する授業観をもつことで、それの実現に向けて、教師も生徒も学校全体で変えていくことができるようになれるのです。

今井鑑三の主宰する研究会でまとめた授業実践では、「自分なりの読み」や読みや感想の「交流」「話し合い」などの言葉が頻繁に出てきます。また「子ども達一人ひとりの思いを存分に引き出すようにする」などの表現もあります。こうした言葉それぞれが、授業観の現れとも言えます。

教師であれば、指導案を書くはずです。自分の書いた指導案から、自分の授業観を見直してみるというのもよいのではないでしょうか。

坪田耕三の言うように、授業とは何かを問い続けることは、非常に大事です。そして、そのためには、多くの実践者、教育者の授業観に触れることが第一です。そして、自分なりの授業観を構築していくことが必要なのではないでしょうか。

大人と子どもの学び

教育の対象は子どもだけではありません。大人であっても教育を受けることはありますし、学習する機会はたくさんあります。教員による研究会も、そうした学習の場の一つで、協議会のように参加者で議論をする場面もあれば、講師による講演を聞くという、いわゆる講義形式の学習もあります。

そうした研究会での吉田新一郎の講演のときです。(46) 参加者は三〇〇名ほど。大学の教員から小学校の教師、教師をめざす学生、様々な立場の人が参加していました。

そこで、講師の吉田が、「どのような時、場面が自分自身にとって学びやすいですか」と会場の参加者に問いかけ、マイクを持って参加者の間を聞いて回りました。会場からは様々な意見が出ます。

「目標がはっきりしているとき」とか「興味があるとき」とか、「楽しいとき」「音楽を聴きながら」「お金がもらえるとき」というのもありました。主に学習の内容に関すること、学習の環境についてが多くあったと思います。

そうして一通り意見を聞いた後、吉田は「それが自分たちの学校にはどれくらいあるでしょうか？」と尋ねました。それぞれ参加した教師（大学も含めて）が、学習に適した状況をイメージしているにもかかわらず、それを子どもに与えてはいなかったということに気づき、会場には驚きの声があがりました。

「音楽を聴きながら」というのは、難しいでしょうが、ちょっと工夫すればできることがいくつもありました。

それができていないということは、「子どもへの教育はこういうものだ」という固定観念にとらわれて、子どもへの教育は、大人の自身の学習とは違うものだという意識が心の底にあったのではないでしょうか。

大人にとって学びやすい状況は、子どもにとっても学びやすいはずです。にもかかわらず、教室の机にじっと座って、教師の説明を聞き、教師から与えられた課題をこなすだけの授業が全国で繰り返されるのは、「子どもにとっての授業とはこういうものだ」というしばりから抜け出せていないのではないのでしょうか。

そもそも、「子どもとは何か」、これについてどれだけ理解がされているのでしょうか。当たり前のことですが、授業は子どもと教師とで成り立っています。教師がどんなにがんばってもそれを受け止めてくれるはずの子どもが育っていなければどうでしょうか。よい授業をつくるのは、教師だけでなく、教師と子どもです。

林竹二は次のように言います。

いままでの授業が子どもたちを動かさなかったのは、一定のことを教えるということが教師の頭を占めてしまって、子どものなかにどんなものがあるのか、私がよく使う言葉でいえは、子どもが人の目につかないような深いところにしまい込んで持っている大事な「たから」を探ったり、掘り起こしたりする作業に授業がなっていないからだと思います。一定の教えるべきことを決めて、これだけはどうしても教えろと指示してみても、授業が学習の場にならないかぎり、教えるということは成り立たないのです。(47)

これは灰谷健次郎との対談です。灰谷もこれに同意します。「子どものなかにどんなものがあるのか」、それを見極めることが必要でしょう。

そして、子どもとは何か、これは授業を考える上で、重要な課題です。

【注】

（1）『教育小辞典』、学陽書房、二〇〇二年
（2）林竹二『教えるということ』国土社、一九九〇年、一七頁
（3）向山洋一『教師修行十年』明治図書、一九八六年、二八頁
（4）坪田耕三『和顔愛語』東洋館出版社、二〇〇八年、七四頁
（5）林竹二『教えるということ』国土社、一九九〇年、二〇二頁
（6）中野重人『生活科のロマン―ルーツ・誕生とその発展―』東洋館出版社、一九九六年、一五〇頁
（7）木下竹次『学習原論』目黒書店、一九二三年、九頁
（8）小倉金之助『数学史研究　第一輯』岩波書店、一九三五年、二七八頁
（9）福沢諭吉「文明教育論」『福沢全集　第九巻』国民図書、一九二六年、三四〇－三四一頁
（10）仁科芳雄『日本再建と科學』『自然』300号記念増刊　中央公論社、一九七一年
（11）小原國芳『全人教育論』玉川大学出版部、一九六九年、五八頁
（12）同前、六四頁
（13）澤柳政太郎『学修法』同文館、一九〇八年、八九頁
（14）林竹二・灰谷健次郎『教えることと学ぶこと』倫書房、一九九六年、三八頁
（15）前掲（6）、一五〇頁
（16）秋田喜代美「教える経験に伴う授業イメージの変容―比喩生成課題による検討―」、『教育心理学研究　第四四巻　第二号』日本教育心理学会、一九九六年
（17）目賀田八郎、中野重人『至論・駁論　総合的な学習は学力崩壊か・学校再生か』東洋館出版社、二〇〇〇年、一二七頁
（18）前掲（4）、三六一頁

(19)前掲(7)、六頁、一二頁
(20)前掲(6)、八八頁
(21)学習研究会編『学習研究　復刻版』臨川書店、一九七七年
(22)前掲(7)、九頁
(23)前掲(7)、三〇九頁
(24)奈良女子高等師範学校附属国民学校学習研究会『学習叢書　わが校の教育』アサギ書房、一九四六年、七頁
(25)前掲(13)、一二頁、一二五－一二六頁
(26)前掲(11)、一一二頁－一一三頁
(27)及川平治『世界教育学選集　69　分団式動的教育法』明治図書、一九七六年、二一頁
(28)同前、三二五－三二六頁
(29)同前、六八頁
(30)平林一榮『数学教育の活動主義的展開』東洋館出版社、一九八七年、三三八－三三九頁
(31)村井実『教育改革の思想：国家主義から人間主義へ』国土社、一九八七年、三一頁
(32)平野朝久『はじめに子どもありき―教育実践の基本―』学芸図書、一九九四年、六八頁
(33)斎藤喜博『授業入門』国土社、一九六〇年、二九九頁
(34)斎藤喜博『斎藤喜博全集第五巻　教育の演出　授業』国土社、一九七〇年、二三〇頁
(35)斎藤喜博『斎藤喜博全集第九巻　教師の実践とは何か　私の授業観』国土社、一九七〇年、二〇九頁
(36)前掲(34)、一二二頁
(37)同前、一二五頁
(38)同前、二五一－二五二頁
(39)吉本均編『学習集団づくり第一歩―授業を「応答し合う関係」に―』明治図書、一九九〇年、九－一一頁

(40) 嶋野道弘『学びの哲学』東洋館出版社、二〇一八年、二二二頁
(41) 澤本和子『学びをひらくレトリック―学習環境としての教師―』金子書房、一九九六年、三三頁
(42) 澤本和子・授業リフレクション研究会　編著『国語科授業研究の展開―教師と子どもの協同的授業リフレクション研究―』東洋館出版社、二〇一六年、五七頁
(43) 前掲（34）、二〇九頁
(44) 次山信男『学習指導案の立て方活かし方―子供が力を出す場を拓く―』東洋館出版社、一九九〇年、二五頁
(45) 福井大学教育地域科学部附属中学校研究会『中学校を創る―探究するコミュニティへ―』東洋館出版社、二〇〇四年、一八一頁
(46) 新算数教育研究会『新しい算数研究　二〇〇八年三月号』東洋館出版社、二〇〇八年、九二―一〇九頁
(47) 林竹二・灰谷健次郎『教えることと学ぶこと』倫書房、一九九六年、三八頁

第2章　子どもとは何か

子どもを知るということ

大村はまは、「子どもを知るということ、子ども自身より深く知るということ、親をも越えて子どもを知るということ、これがまず教師として第一のことでしょう。(1)」と述べます。『教室をいきいきと』の冒頭、最初の言葉ですから、これを最も重視していたのではないかと思います。

子どもとは何か、と問われると、一般の人たちは何を当たり前のことを聞くのか、と思われるでしょう。しかし、柴田義松が「教育学の中心的問題は、子どもを知ることにあるといってもよいように思う」と言い、次のように指摘します。

ところで、実際の教育活動をうまくすすめるためには、教材と子どもと、どちらをつかむことの方がより大切かといえば、これは、子どもを把握することの方が重要である。教える内容にくらべたら、子ども＝人間の方が、はるかに複雑で、つかみにくい厄介なものである。教育活動の失敗は、たいていは、この子どもを正しく把握しないところからくるものである。(2)

子どもをどう見るかは、重要で、とても難しいということです。

そして、子どもをどう見るか、つまり子ども観によっても授業、教育は大きく変わってきます。それは、日本での近代的な教育が始まったときにも、はっきりと現れました。

福沢諭吉と森有礼

木戸孝允は明治元年十二月に、「普通教育の振興を急務とすべき建言書案」を朝廷に提出しています。明治新政府が誕生してすぐですから教育の重大さを明確に認識していたのです。

この文書では、「元来国の富強は人民の富強によるものであるとし、一般の人民が無学で貧困な状態から脱出できないならば、『王政維新之美名』も結局『空名』に終わり、『世界富強之各国に対峙するの目的』もその実を失うであろうと述べている。そのため『文明各国之規則を取捨し、徐々全国に学校を振興し、大に教育を被レ為レ布候儀、則今日之一大急務と奉レ存候』と、全国に学校を設置することの急務を説いている[3]」といったことが書かれています。

ここで、木戸孝允は「一般人民無識貧弱」という立場に立って、「国家のための教育」を主張しているわけです。それが、初代文部大臣森有礼へと受け継がれ、今につながる日本の学校教育がつくられます。明治二年に出された「府県施政順序」の「小学校ヲ設ル事」という項目には、「専ラ書学素読算術ヲ習ハシメ願書書翰記牒算勘等其用ヲ闕サラシムヘシ又時時講談ヲ以テ国体時勢ヲ弁ヘ忠孝ノ道ヲ知ルヘキ様教諭シ風俗ヲ敦クスルヲ要ス最才気衆ニ秀テ学業進達ノ者ハ其志ス所ヲ遂ケシムヘシ」と書かれています。読み書き算盤が、教育の中心だったのです。

それに対して、福沢諭吉が異議を唱えます。

福沢は、当時の学校は「活字引」や「写字器械」を作っているだけだと批判します。「そもそも人生の事柄の繁多にして天地万物の多き、実に驚くべきことにて、その数幾千万なるべきや、これを知るべからず」と世の知識を網羅することは無理であり、「記憶の能力」「推理の能力」、「想像の働き」の平均を保つこと、つまりは知識と考える力とのバランスが必要だと言います。(4)

そして、次のように言います。

すなわち学校は人に物を教うる所にあらず、ただその天資の発達を妨げずしてよくこれを発育するための具なり。教育の文字ははなはだ穏当ならず、よろしくこれを発育と称すべきなり。かくの如く学校の本旨はいわゆる教育にあらずして、能力の発育にありとのことをもってこれが標準となし、かえりみて世間に行わるる教育の有様を察するときは、よくこの標準に適して教育の本旨に違わざるもの幾何あるや。我が輩の所見にては我が国教育の仕組はまったくこの旨に違えりといわざるをえず。(5)

学校は人に物を教えるところではない、と言い切ったところに、今でも多くの人が驚くのではないでしょうか。それは、明治から続いてきた学校という制度に、私たちがどっぷりとつかっていたせいかもしれません。

子ども（国民）を「無識貧弱」と考えた木戸孝允、森有礼は、読み書き算盤を徹底的に教えるべきだと考えます。それが、教え育てる「教育」という用語にも現れています。

それに対して、福沢諭吉は、子どもは「天資」がある存在とも述べます。そのため「教育」ではなく「発育」とすべきだと言います。つまり子どもをどう見るかで、教育のあり方が変わってくるのです。

この森有礼と福沢諭吉の対立は、今でもそのまま通用するところがあります。知識か新学力観か、指導か支援か、教育にかかわる議論の様々なところに現れてきています。

そうしたところのベースには、その根本となる子ども観の相違があるのだと、私は考えます。子どもを「無識貧弱」と考える人と「天資のある身」と考える人とが、どちらの教育がよいのかを議論しても決着がつくことはありません。

だから、教育、授業を語る上で、どのような子ども観に立つのかは、非常に重要なことと言えるでしょう。

子どもの誕生

その昔、「子どもはいなかった」と言われると、驚く人も多いでしょう。マクルーハンは「子どもは十七世紀の発明だ」と言います。

「子ども」とは、十七世紀の発明である。例えばシェイクスピアの時代には、子どもは存在しなかった。十七世紀まで、子どもたちは大人の世界に溶け込んでいたので、現在の意味で子ども時代と呼べるものは、およそ存在しなかった。[6]

私は、これを読んだとき、ほとんど理解できませんでした。「子ども」が発明されたというのは、どういうことなんでしょうか。

フィリップ・アリエスの『〈子供〉の誕生』によるならば、

子供期に相当する期間は、「小さな大人」がひとりで自分の用を足すにはいたらない期間、最もか弱い状態で過す期間に切りつめられていた。だから身体的に大人と見做されるとすぐに、できる限り早い時期から子供は大人たちと一緒にされ、仕事や遊びを共にしたのである。ごく小さな子供から一挙に若い大人になったのであって、青年期の諸段階を過ごすことなどない。中世より以前の時代には、青年期の諸段階を過ごすことは慣行として行われていたし、それはまた今日の進化した社会での本質的な性格となっている。[7]

子どもが発見される以前は、幼児は簡単に死にました。その場合は、産み直せばよい、と考えられていたのです。今からは想像できないことでしょう。
そして、大人に保護されていた幼児期を過ぎると、もう大人として扱われたということです。
そして子どもが発見されることによって、社会、特に教育が大きく変化していきます。
子ども発見以前の教育は、次のようなものでした。

価値と知識の伝達、より一般的にいって子供の社会化は、家族によって保証されていたのでも、監督されていたのでもなかった。子供たちはすぐに両親からひき離され、数世紀間にわたって教育はそのおかげで子供ないし若い大人が大人たちと混在する徒弟修業によって保証されていたといえるのである。子供は大人たちの行うことを手伝いながら、知るべきことを学んでいた。(8)

それが、子どもの発見により、次のようになります。

教育の手段として、学校が徒弟修業にとって代った。つまり、子供は大人たちのなかにまざり、大人と接触するうちで直接に人生について学ぶことをやめたのである。多くの看過や遅滞にもかかわらず、子供は大人たちから分離されていき、世間に放り出されるに先立って一種の隔離状態のもとにひきはなされた。この隔離状態とは学校であり、学院である。こうして開始された子供たちを閉じ込める長期にわたり存続していく過程（ちょうど、狂人、貧民、売春婦たちの「閉じこめの過程」のような）は、今日まで停止することなく拡大をつづけ、人はそれを「学校化」とよんでいる。(9)

ただし、「子供の発見」以前にも学校はありました。しかしそのころの学校は、年齢による区分はありません。

学校に入ったその時から、子供は直ちに大人の世界に入るのである。このことはあまりに単純なことで気づかれぬままでいたが、この混在は古い時代の社会生活にもっとも特徴的な特性のひとつ、そして人生のうちに深く根づいているなにものかと対応していて、もっとも持続的なもののひとつであるように思われる。(10)

とされていました。

日本でも、森鴎外は一二歳で第一大学区医学校（今の東京大学医学部）に入学します。同級生は二十代までいて、幅広い年齢の生徒が同時に学びます。つまり、学校に入ったときから、年齢に関係なく、大人と扱われていました。

そして子どもの発見により、家庭内での子どもと親との関係も変化していきます。「家庭は子供をめぐって組織され」、「重要なものとし始める」ことになります。「親たちは子供の勉学に関心をもつ」ようにもなります。

また、子どもの発見は「成長」の発見へとつながります。

> 「子ども」が発見されたことで、人は成長するものとなった。非大人として範疇化された子どもが、大人へと歩む過程が、「成長」として把握されたのである。「子ども」の発見が「大人」の発見でもあり、それは同時に、「成長」の発見でもあったのだ。[11]

私は、「成長」というのは、教育にとって極めて重要な視点だと考えています。「よい授業」のものさしの一つには、子どもの成長があるでしょう。

こうした子どもの発見が、ある意味、今日のような学校制度をつくるきっかけになりました。

ただ、子どもの発見に関連して、障害のある子どもの発見はずいぶん遅かったのではないでしょうか。もちろん特別支援教育は、長い歴史もあります。ただ、通常の学校の現場でそうした考えが普及していなかったように思います。昔ならば勉強ができないとされていた子どもも、今ならば発達障害があるとして特別な支援を受けることもできたはずです。障害がある子どもが発見されないまま、勉強ができないと放置されてしまっていたということもあったのではないでしょうか。

子ども観と教育

福沢諭吉と森有礼の子ども観の違いが教育の違いとなったことはすでに見たとおりです。それでは、教育者、実践者は子どもをどう見てきたのでしょうか。

「子どもは無垢で純粋な存在である」というのは、大正期の新教育運動期に見られた子ども観です。大正七年に創刊した児童文学雑誌「赤い鳥」に描かれている子ども像は、よい子であり、純粋で無垢な子どもたちでした。そのころの教育者も、子どもをそう捉えていたようです。[12] 今でもそう考えている人は多いでしょう。

村井実は、こうした見方に疑問を呈します。

子どもたちはそのままでは何もわからない、いわば白紙のようなものだという児童観がある。そして、そうした子どもたちに、ものをわからせてやること—それが教育だという教育観がある。[13]

子どもが白紙だからわからせてやる、というのは大人の決めた正しいことをその白紙に書き込んでいくことにほかなりません。

村井実は、子どもをどう捉えるかによって、教育のあり方が変わっていることを示しています。子どもを白紙、または粘土のように捉えると、大人がそれに描いていく、または作り上げていく教育になります。これが大がかりになったものが学校です。

子どもを植物のように捉えると、環境を整えてやる栽培のような教育になります。ルソーなどがイメージしたのは、こういう教育です。

子どもを動物のように捉えると、家畜などを飼育するイメージの教育になります。植物は環境を整えるだけでしたが、どのように育てるのか、教育者の価値観がもとになります。

そうした今までの教育に対して、村井実は、子どもを人間として捉える教育を提唱します。いや、どの教師も子どもを人間として捉えているはずだ、という意見もあるでしょう。でも行われている教育を見ると、白紙とみたり、植物とみたり、動物とみたような教育が行われてきたということです。

平野朝久も河合隼雄を引用して次のように言います。

臨床心理学者の河合隼雄さんが『子どもと学校』（岩波書店　平成四年）の中で次のようなことを書いているが、私も同感である、

「私は子どもを育てる、というときに『植物』をイメージする。太陽の熱と土とがあれば植物は

ゆっくりと生長していく。子どもを『機械』のように考えて、『こうすればこうなる』と、教師がそれをコントロールしようとすると、思いのままにならないことが出てきていやになるのではなかろうか。植物の成長を楽しんで見るような態度を身につけると、楽しみが増えてくるように思われる。[14]」

平野朝久も河合隼雄も子どもを人間として見ていないわけではありません。それまで子どもが「機械」のように扱われてきたことへの批判として植物のモデルを紹介したのです。

さらに村井実は、子どもを人間として捉えたならば、教師が動物を飼育するのではなく、育つことを援助するという教育になると述べます。

従来の子どもの見方には、子どもは元から善であるという性善説、元々悪であるという性悪説のほか、告子が唱えた元々白紙で何もないという性白紙説（性無記説）がありましたが、村井実は、元々善くなろうしているという性向善説を唱えました。

子どもはたとえ悪いことをしていても、それは「善くなろう」として行ったことであり、悪くなろうとは考えていないということです。

子どもがお母さんの手伝いをしようと思ってうっかり皿を割ってしまった、よくあることですね。

ここで「何をしてるの！」と叱ってしまうと、子どもはもうお手伝いをしようと思わなくなるでしょう。こうした子どもの行動も「お母さんの手伝いをしよう」という動機があり、子どもが「善くなろうとしている」ことのあらわれだと見れば、お母さんの対応も違ってくるはずです。

元々善であるならば、植物のように環境を整えて伸ばしてやればよい、元々悪であるならば、矯正しなければならない、白紙ならば大人が埋めてやらなければならない、善に向かうのであれば手伝ってやらなければならない、その子どもの捉え方で、教育の為すべきことが変わってくるのです。

性善説から性悪説、性白紙説、村井の唱える性向善説、どれが正しいかはわかりません。ただ、これから為す教育としてどの立場にたつのがよりよいのか、それを考え続けなければならないでしょう。

子ども観によって教育が変わるように、授業も変わります。

大正時代の新教育運動の中心の一人である及川平治は、その主たる主張としての「分団式動的教育法」実践するに当たって、まず子どもとは何かを徹底的に論じます。子どもを見ることの必要性を強く認識していたのです。そして子どもを「能力不同」という見地に立ちます。子どもの能力は同じではない、ということです。至極当たり前のようですが、徹底するのは、実際には難しいでしょう。子どもの能力は同じでないことはわかっても、どの子にも同じ授業をしているというのが多いでしょう。子

及川平治は、その著書の冒頭で児童論に多くのページを割きます。当時としては、最新の海外の心

理学などの知見も導入して子どもを分類していきます。今ならば、問題を感じることがあるところもありますが、それも、家庭の貧困などから学習が遅滞してしまい進級できなかった十三人の子どもをなんとか救おうとしての取り組みでした(15)。

能力は同じでないということで分団(今での集団)での習熟度別学習を取り入れます。それも、子どもの学習の進捗に応じて常に分団を行き来させるようにも配慮します(可動式)。習熟度別学習には批判もありますが、進級できない子どもをなんとか救おうということが第一です。どのような教育法がよいのかは、まず、子どもの実態に応じることが必要でしょう。

及川平治の授業論は、まず、こうした子どもの姿(子ども観)が出発点でもあったのです。

子どもをどう捉えるか

それでは、子どもをどう捉えるか、これは教育の上でも授業を実践する上でも重要な問題です。

嶋野道弘は次のように述べます。

自明のことですが、授業は子供の〝ジッタイ〟に即して行われます。授業をするに当たっては、子供を識ることが必要不可欠です。

この〝ジッタイ〟には2つの意味があります。

その1つは「子供は本来～である」というように、子供の本質を意味するもので、これを「実体」と表します。もう1つが「子供は～の状況にある」というように、その時々の子供の状況や状態を意味するもので、これを「実態」と表します。

「実体」に偏重すれば、子供の現状が見えなくなります。しかし、安直な実体論は危険です。子供は本来主体的である—主体的でない—、という考えの下に放任や強制が正当化されてしまいます。

一方、「実態」に偏重すれば、子供の本質が見えなくなります。そして実態ばかりを常用すると、授業改革の本質的な問題解決が難しくなります。

肝要なことは、例えば、子供は本来主体的である（実体）はずなのに、この学級の子供には主体性が見られない（実態）、あるいは、子供は本来主体的であり、この学級の子供は主体性を十分に発揮している、というように、2つの〝ジッタイ〟に着目して子供を捉えることです。

実体と実態には誤差が生じます。そこで、その誤差に着目します。なぜならば、優れた授業は、子供は本来主体的である（実体）はずなのに、この学級の子供には主体性が見られない（実態）のはなぜか、本来持っている主体性を発揮させるのにはどのようにしたらよいか、というように、実体と実態の誤差に着目し、創意工夫し、創造していくところに実現するからです。(16)

教育に関連する議論、授業後の協議会での議論、そうした中に、嶋野の指摘する「実体」と「実態」の混同が見られ、議論に決着がつかない、ということもよくあるでしょう。

大村はまは、「だいたい中くらいの子どもを目当てにして、授業をすればいいなどと言うが、一体、中くらいの子というのがいるのでしょうか(17)」と言います。この「中くらいの子」が、子どもの実体にあたるのでしょう。でも実際に授業する子どもの中には、「中くらいの子」はいません。

また、教育界では「子どもという名の子どもはいない」とよく言われます。こうした指摘は、嶋野の言うところの実態を実体で語っていることへの批判です。

この視点をもつためにも、まず「子どもの実体」とは何かを自分なりにもつ必要があるのでないでしょうか。そのうえで、「子どもの実体」を通して子どもを見ることで「子どもの実態」が見えてくるようになるように思います。つまり、「子どもの実体」をものさしにして「子どもの実態」を見るというようなことです。

また、教育社会学者からは次のような指摘もあります。

> ほとんどの子ども・若者類型はマスメディアによって提供され、それをめぐる議論もメディアによって展開され、研究者もそれを調査によって追認したり、それに基づいて結果の解釈をしたりしてきた(18)。

「今の子どもは、……」と語られる場合は、だいたいがメディアでつくられたものであることへの危惧です。子どもの犯罪は凶悪化しているように報道されていることもありますが、実際の統計では、むしろ減っています。

ドラマ「金八先生」で次のような場面がありました。加藤という少年が問題を起こして、警察関係者と学校関係者が話し合いを持ちます。警察関係者は、「今の子どもは」と、社会のイメージでの子どもの実体を語ります。加藤という具体的な存在が対象なのに、一般的な「今の子ども」で語ろうとするのです。それもマスメディアで語られるようなイメージです。それに対して学校側は反論していきます。おそらく加藤という子どもの実態に即してのことだと思います。結局話し合いは平行線のままです。こうしたことは、実際の現場でも多くあるのではないでしょうか。

子どもを捉えるときには、こうしたメディアや社会が創り出したイメージに惑わされないようにする必要もあるでしょう。

同時代を生きる異時代人

飛田多喜雄は子どもを「同時代を生きる異時代人」と言います。

飛田多喜雄氏が、子どもを「同時代を生きる異時代人」と認識する必要を示したのは、教師が今の時代の観念や価値観だけで子どもに指導をすることのないようにという提唱だととらえられる。子どもの将来を見通し、本当の意味で子どもにとって価値のある教育を目指すことが不可欠である。その意味で、教材に必要な条件の第一として「題材内容が学習者にとって興味あるもの」を挙げられている意図をとらえなければならないのである。

「興味あるもの」を見いだすということは、子どもに迎合することではない。次の時代を生きる子どもが学ぶ価値のあるものとしてとらえ、それを学んだことに喜びと成就感を持てることを願っての選択である[19]。

授業は、明日のテストで百点をとるためになされるのではありません。子どもにとって生涯にわたって必要な力を身につけるためのものです。その意味でも、この飛田多喜雄の指摘は重要です。自分は子どもを中心に考えている、と思っていても、こうした視点までもてていない教師も多いのではないでしょうか。

次山信男は、東京学芸大学附属世田谷小学校時代に近郊農業について授業を行いました。その授業では、教室が二つに分かれて大論争になりました。双方が、教師である次山に決着を求めますが、次山をそれをしません。子どもたちそれぞれの判断にまかせます。その決着は、その子たちが大人になったときに事実として表れてきました。「学習は答えを与えられるものではなく、一人ひとりが自分で考え続け、追究し続ける長い道のりなのだということも知った」と、その子どもたちは大人になったときに述懐します[20]。

社会科の学習で、今の価値を教えるということはできるでしょう。しかし、そうした価値は変わる可能性もあります。私が小学生の頃は、科学の進歩こそが最上だとされていましたが、公害が問題になると環境も大事だ、と変わってきています。

特にプログラミン教育など、新しい教育課題が次々と出されています。これに取り組む子どもたちが大人になったとき、社会はどうなっているのでしょうか。だからこそ、「子どもの将来を見通し、本当の意味で子どもにとって価値のある教育を目指す」ためには、飛田多喜雄の指摘する「同時代を生きる異時代人」という子ども観は、非常に重要な視点なのではないでしょうか。

子どもの主体性

今まで紹介した中でも、いくつもの子ども観がありました。「無識貧弱」とみる森有礼、「天資のある」とする福沢諭吉、「善くなろうする」村井実、それぞれ子どもの一つの見方です。これらは、「子どもの実体」についての見方です。

林竹二は、子どもについて、いろいろな表現で語ります。

どの子供にも不断に成長するように学ぶ力が備わっている。それだからこそ教師の努力は報いられるのである。(21)

学校教育は、子供をともすれば本来勉強ぎらいの存在としてとらえがちだが、我々は、むしろかれらを勉強ぎらいにしている原因は、我々の授業の貧しさの中にあると考えるべきでなかろうか。子供たちは、パンを求めながら、石を与えられつづけた結果、心ならずも勉強ぎらいにさせられているのである。どんなに栄養に富んだ食物でも、それが吸収されて、同化されなければ、重篤な病気のもとになり、生命を奪う結果になるのである。(22)

木下竹次は、林竹二と同様な観点を、子どもではなく、人全般について述べます。「人には発展性があって自然に発展して行く。又人は発展を希求する。意識的に又無意識的に自己の発展を図り生きる価値を発見して行く(23)」このような人間観（子ども観）に立つからこそ、その主張である学習法が可能になるのではないでしょうか。

アクティブ・ラーニングが進められています。これを端的に言うならば、能動的な学習でしょうか。受け身ではなく、子ども自身が主体的に学ぶこと、これが必要だということです。

それでは、子どもは受け身な存在なのでしょうか。主体的に学ばないのでしょうか。林竹二は「学ぶ力が備わっている」と言い、木下竹次は、「発展を希求する」とも言います。嶋野道弘も「子どもは主体的である」と言います。

子どもの様子をよく見ると、主体的に学ぶ姿をよく見るのではないでしょうか。子どもは主体的にゲームに取り組み、主体的にテレビを見ます。どの番組を見ようか、主体的に調べ、ゲームの攻略法についても、攻略本やネットで主体的に調べます。友達ともゲームの攻略について対話的に学び合う姿を見ることもしばしばです。どうしたらお母さんに怒られないか、どうしたら宿題をしなくてもすむか、主体的に考え、そして学びます。

そう考えると、子どもは基本的には主体的な存在であり、主体的に学びます。そうして疑問を主体的に解決したいと考えています。子どもの前で、何かを言いかけて、「いや、やっぱりいい」と言っても、「何？　ちゃんと話して」と問い詰めてくるでしょう。子どもは疑問をそのままにはしておけません。何でも知りたい、という存在でもあります。

ただ、学校の勉強だけは受け身だったんです。

この学校の勉強での子ども主体性について、林竹二は次のように言います。

授業は当然こういう子どもたちの、学びたがっているきもちに答えなければならない。だが、たくさんの勉強したがっている子どもが、無残に授業からしめ出されている。それは「落ちこぼれ」などというものではない。

私の授業を見た教師は、よく私が子どもたちに発言の場を与えていないことを問題にする。だがたくさんの子どもたちが、「林先生と授業した」と感想を書き、「私はこんなに先生と授業をしたのははじめてです」と書いた子もいる（『林竹二・授業の中の子どもたち』一六一～二頁）ことをどう考えればよいのだろうか。子どもたちは、私の授業の中で、自分を授業の主体だと感じているのではないだろうか。子どもが授業の主体にならないかぎり、授業ははじまらない。あとに感想をひく、小石川敦郎君は、私の授業をうけて、「40分が10分くらいにおもえた」と書いている。時間が短く感じられるのは、彼が授業の主となって、夢中になって自分の問題を追っかけているからである。これが、子どもが授業の主体となるということである。発言の有無は関係がない。

私は、授業は、子どもの内に一つの事件をひきおこす営みだと考えている。授業の中で、問題を追いかけているうちに、子どもはやがて問題に追いつめられる。そこに教師の授業を組織するはたらきがある。こうして子どもは、日常的な自己をのりこえる。これが学ぶということである。(24)

（後略）

林竹二は、子どもに講義のような授業をします。教師が中心で、話すだけというような授業です。しかし、林によれば、それでも授業の中心は子どもで、主体的に授業に参加しているというのです。それは、授業の後の子どもの感想に現れてきます。

ぼくは、林先生に、べんきょうをおしえられて、はじめて、人間はいったいなんなのかという、ぎもんをかんじた。林先生に、ぼくは、このいち年間、人間のことをおそわりたかった。[25]

小学校六年生の子どもが、このように感じています。林竹二の講義のような授業であっても、「おそわりたかった」と意欲を見せます。この子どもは、「受持の教師によれば、勉強する気のない子であった」ということです。

このような授業が成立するのは、林竹二の中に「子どもは学びたがっている」という子ども観があるからでしょう。「子どもは受け身だ」と考えていては、このような授業はできません。

こうした、子どもの関心を高めて主体的に追究していくために、教材自体をおもしろくしようと、「授業のネタ」を取り入れた実践があります。これを見ていると、子どもの知りたいという欲求によく応えた教材がいくつも開発されています。

ただ気をつけなければならないのは、おもしろいネタを取り入れても、その背景にある授業観が違うと、結局は、子どもの学ぶ方向が変わってくることもあるということです。

それは、あのセサミストリートの評価でも議論されました。

セサミストリートが示唆するもの

世界で最も子どもに影響を与えた教育番組がセサミストリートなのではないでしょうか。

このセサミストリートの教育面で中心となったのが、発達心理学者でハーバード大学のジェラルド・レッサー教授です。

このレッサー教授は、大学時代に私の所属していた研究機関で半年だけ授業をもちました。めったにない機会なので、受講することにしました。講座名は、「Children's communication and media」だったように記憶しています。ただ、もうどんな授業内容だったのかは、ほとんど覚えていません。当時は、教育に対してもまったく知識はありませんので、参考文献を片手に話を聞いているだけ、という感じでした。

セサミストリート自体は、「テレビの助けによって、貧しい子どもたちが、現在組織運営されている形の学校で、うまくやっていく準備をすることを希望し」て始められました[26]。そして、計量的に測定できる範囲では意図通りの効果を上げ、世界中で放送されるようになり、世界各国で類似した教育番組が作られるようになりました。その意味では、セサミストリートの残したものは非常に大きかったと思います。

しかし、このセサミストリートにも批判があります。子ども理解という点では、セサミストリートは、徹底しています。科学的な実証データをもとに番組作りが進められていきます。

しかし、浜野保樹によるならば、「科学的実証データをもとにするということは、言い換えれば子どもが生理的に反応してしまうものを基準として番組を作るということである。理性的に制御できるものは除かれてしまうきらいがある」(27) ということです。つまり子ども自身に関心があるかないかよりも、生理的につい見てしまう、CMなどで使われている手法を応用して番組作りがされていたということです。これは、「アメリカは多様な文化を持つ社会なので、共通の言語や教養を前提にできず、人間の最も根源的な生理的反応を前提にして、映像が作られる」ためでもあるようです。

そしてそれは、「視聴者である子どもを映像的おもしろさの奴隷にすることにほかならない」と浜野は批判します。

『セサミ・ストリート』が番組で行っている学習面での配慮の行き着く先は、努力しないなまけ者の学習の姿である。そこには、何もしないで学べることこそが最も望ましいという思想が存在していることは否定できない。(中略)「最小の努力で最大の効果」ということを教育の場面でつきつめれば、注射器のようなもので知識を注入できればそれでよいということになる。しかし、現実には、何の努力もなしに知識を注入できる技術などというものは存在しない。(中略)

『セサミ・ストリート』では実験データを元に、いたれりつくせりの配慮を行う。努力なしのシステムにする。すべての疑問に答えるようにできるかぎり番組だけで完結させる。後で調べようとか、友達に聞いてみようとかいった余分な努力はさせない。その内容を考えないでいれなくするのではなく、分かったような気分にさせる。学習を誘発するのではなく、完結させるようにしている。できるだけ無駄を排除し、自らが学ぶ文脈がそぎ落とされていくのである。[28]

浜野保樹は、メディア論の研究者で教育の専門家ではありません。それでも、ここで指摘されていることは、的確で、多くの示唆に富みます。

これから導入が進むデジタル教科書でも、こうしたセサミストリートのたどった道を通る可能性もあります。

子どもを調べ尽くした究極の教育も、その背景にある思想、つまり授業観や教育観次第では、結果として違った方向に行ってしまうこともあるでしょう。

子どもは学ぶ存在だ

セサミストリートが、こうした手法をとった中には、「子どもは勉強が嫌いだ」という子ども観があったのではないかと思います。

しかし、佐伯胖は、ロサンゼルスの公立高校の実践から「人はつねに、他者と共に学ぶ存在である[29]」という結論を導き出します。

同様に、今井むつみも、次のように述べます。

人は誰もが「自分で学ぶ力」を持っている。そのことをもっともストレートに教えてくれるのが、子どもの母国語での学習である。子どもは母国語を学習するとき、文法や語彙を親や先生に直接教えてもらうことはない。（中略）子どもは耳に入ってくる一つひとつのことばの意味を自分で推測し、言葉を繋いで文を組み立てる規則（つまり、文法）を自分で見つけ出す。子どもが母国語を学習するときに発揮する能力は、まさに「自分で問題を発見し、考え、解決策を自分で見つける」という「学習力」そのものである[30]。

このような子どもが学ぶ姿は、随所で見られます。前述したように、ゲーム機のソフトの遊び方は、子どもが試行錯誤で理解していくことが多いでしょう。大人がパソコンの使い方を身につけるときは、まずマニュアルです。それでわからないと人に尋ねる、パソコンスクールに入る、などでしょう。子どものゲームスクールなどはありません。必要ないからでしょう。

大人にしても、今、書店で売られている書籍を見ると、その多くが「できるようになる」「わかるようになる」、そうしたものです。

資格試験も多くあります。英語がすぐできる、そうした書籍も多いでしょう。ビジネス書も、できる、わかる、のオンパレードです。

ということは、子どもだけでなく、人は、わかりたい、できるようになりたい、と考えているということです。

前述したように、子どもは主体的ですし、学ぶ存在です。でも学校の勉強は嫌いです。

私が教科書を編集しているときは、このことが大きな課題でした。

楽しい授業、子どもの興味関心が高くなる授業を主張する人の中には、「勉強は苦しいものだ。だから楽しいというオブラートをかけて楽しくしてやるんだ」という考えの人も多くいました。ある意味セサミストリートに近い考えでしょう。

教科書には、キャラクターが使われる場面が多くありますが、そうしたキャラクターを使う理由の中には、こうした苦しい勉強へのオブラートがありました。

ですから、私自身は、勉強そのものを楽しくできないか、勉強は決して苦しいものではないんだ、そうしたことも子どもに伝えたいと考えていました。

そんな中で、著者から提案された、簡単な疑問をつないでいくという構成で、単元を作ってみました。問題を教師が与えるのではなくて、子ども自身が簡単な学習問題を教科書から見つけます。教科書は、その答えがすぐにわからないように不親切に作ります。教科書の本文も資料として写真や図などから、子どもなりに学習問題を追求していきます。その過程で新しい学習問題が生まれ、さらに追求する、それを繰り返す、そうした単元を構想したのです。

木下竹次も、「学習は疑と解の反復進行を方法とする」(31)と述べます。疑問をもち、その解決の繰り返しで学習が進みます。だから木下は「説明主義の教授ではなるべく疑問の出ないように丁寧親切に説明するのが普通である」(32)とも述べます。丁寧親切な解説よりも、不親切でも自分で解決に取り組もうとするほうが、やはりよいのではないでしょうか。

私が編集した教科書で、それが実現できたかどうかは、自信はありません。中途のままでもありました。でも、そうした試みは意味があったと思っています。

授業観でも転換の必要がありました。子どもをどう見るか、この子ども観も、子どもは勉強が嫌い、子どもは受け身だ、そう考えていては、せっかく転換した授業観に追いついていきません。つまり、子ども観も転換しなければならないと私は思います。

特に子どもは日々変わります。子どもをめぐる環境も変わります。我々と同時代に生きていても、活躍するのは次の時代です。そうした子どもの実体と実態を的確に捉えるような目、そして深い子ども理解、その上に成り立つ子ども観が、これからの授業には必要なのではないでしょうか。

【注】

（1）大村はま『教室をいきいきと』ちくま学芸文庫、一九九四年、二〇頁
（2）柴田義松『柴田義松教育著作集8　学習集団論』学文社、二〇一〇年、一三一頁
（3）文部科学省HP　学制百年史
http://www.mext.go.jp/b_menu/hakusho/html/others/detail/1317578.htm（二〇一八年十一月二八日アクセス）
（4）福沢諭吉「文明教育論」『福沢全集　第九巻』国民図書、一九二六年、三四〇頁
（5）同前
（6）マーシャル・マクルーハン『メディアはマッサージである―影響の目録』河出文庫、二〇一五年、二〇頁
（7）フィリップ・アリエス／杉山光信、杉山恵美子訳『〈子供〉の誕生』みすず書房、一九八〇年、二頁
（8）同前、一頁
（9）同前、三頁
（10）同前、一四九頁
（11）市川浩ほか編『子ども（現代哲学の冒険2）』岩波書店、一九九一年、二八四頁
（12）河原和枝『子ども観の近代―『赤い鳥』と「童心」の理想』中公新書、一九九八年
（13）村井実『教育改革の思想：国家主義から人間主義へ』国土社、一九八七年、四九－五〇頁

(14) 平野朝久『はじめに子どもありき―教育実践の基本―』学芸図書、一九九四年、二頁
(15) 西口鎚太郎「及川平治先生の動的教育論」『国語の教師　第七号』タイムス、一九九一年
(16) 嶋野道弘『学びの哲学』東洋館出版社、二〇一八年、二〇三―二〇四頁
(17) 倉澤栄吉『授業に学ぶ』国土社、一九八七年、一五頁
(18) 山村賢明・北沢毅「子ども・青年研究の展開」『教育社会学研究第50集』
(19) 相原貴史「『子どもの実態』の把握についての一考察」国語教育実践理論研究会飛田多喜雄先生記念論文集編集委員会編『飛田多喜雄先生に学ぶ』溪水社、二〇一〇年、一二二―一二五頁
(20) 次山信男編著『子どもの側に立つ社会科授業の創造―新しい社会科教育像を求める実践的構想15講―』東洋館出版社、一九九八年、二一八頁
(21) 林竹二『教えるということ』国土社、一九九〇年、一八四頁
(22) 同前、二〇三頁
(23) 木下竹次『学習各論　上巻』目黒書店、一九二六年、二一頁
(24) 前掲（21）、一二頁
(25) 同前、一二―一三頁
(26) ジェラルド・レッサー／山本正・和久明生訳『セサミ・ストリート物語―その誕生と成功の秘密―』サイマル出版会、一九七六年、二三頁
(27) 浜野保樹『マルチメディアマインド―デジタル革命がもたらすもの―』ビー・エヌ・エヌ、一九九三年、二六二頁
(28) 同前、二六四―二六五頁
(29) 佐伯胖『「学ぶ」ということの意味』岩波書店、一九九五年、四四頁
(30) 今井むつみ『学びとは何か』岩波書店、二〇一六年、ii頁

(31) 前掲(23)、一一六頁
(32) 同前、一一八頁

第3章　教育とは何か

教育の定義

教育哲学者の村井実は、教育の定義の困難さを指摘しています。誰もが教育についてわかったつもりでいるが、「教育とは何だろう」と自問するとたちまち教育がわからなくなるとも言います。私も実際そうです。「今の教育は」と意見を述べることはよくあるでしょう。それでも、その「教育」をどんな意味で使っているのかは、明確に意識をしてはいません。

「教育とは何か」については、多くの定義があります。村井実が引用したものでも次のようなものがあります。(1)

キルパトリック「(個々人に)古い経験に照らして新しい経験を秩序づけさせること」
デュルケム「若い世代を組織的に社会化すること」
シュプランガー「子どもたちに文化を伝達し創造させること」
クループスカヤ「あるタイプの人間を目的として若い世代に計画的に働きかけること」
ランゲフェルト「子供が自分の生活課題を達成していくことができるようにする影響の行使である」

村井実は、教育を定義するために、まず科学哲学者イズラエル・シェフラーの定義の分類を援用します。一つは「約束的定義」、次は「記述的定義」、そして「プログラム的定義」です。

それぞれの詳細については、省きますが、教育の議論で最も多く使われ、「取り扱いが厄介（村井）」なのが「プログラム定義」です。「プログラム定義」は定義した人のプログラムが込められたものです。先に村井実が引用したキルパトリックなどの定義がこれにあたります。「定義する人にあって、人々をその考え方に向かって説得しようというその人の意図がここに働いている」定義とも言えます。

クループスカヤはレーニンの妻で、労働教育を追求した人です。この「あるタイプの人間を目的として若い世代に計画的に働きかけること」ことを教育の定義としたことには、そうした背景、意図が込められているのです。

ですから、教育の定義は定義した人の意図や目的によって違っていることを意識しなければなりません。そして、教育者の数だけ多くの定義が乱立することとなります。

こうした定義の乱立は、ある意味困ったことでもあります。定義がバラバラだと議論が進みません。そこで村井実は、普遍的な定義はないかと考えました。それが「発生的定義」です。

「発生的定義」は「そもそも人間が『教育』ということばを使用し始めたとき、人間はそれによっていったい何を言おうとしていたのか」、それをもとに定義をすることです。

村井実は、ソクラテス、孟子などをたどり、その結果として「教育とは子どもたちを『善く』しようとする働きかけである」という定義にいきつきます。

村井実の教育モデル

村井実は教育を「子どもたちを『善く』しようとする働きかけである」と定義しました。この定義にのっとるならば、「善さ」とは何かが明確で、その「善さ」にたどり着くことを親や教師が働きかけるということになります。

そして、これまでの教育のあり方を次のようなモデルで説明します。

「手細工モデル」は、白紙であり、粘土のような子どもを、大人が手細工のようにあらかじめ用意された「善さ」にあわせて作り替えていくという教育モデルです。

「農耕モデル」は「善さ」を押しつけるのではなく、植物のように自然に育てようという教育モデルです。

「飼育モデル」は、子どもを植物ではなく動物として見立てた教育モデルです。植物と違って自然に育つということはありません。あらかじめ用意された「善さ」に即して飼育されていきます。

「生産モデル」は「手細工モデル」をもっと大がかりにしたものです。工場で製品が生産されていくように子どもが教育されていく教育モデルです。学校のイメージそのものでしょう。

以上のような教育モデルに対して、村井実は「人間モデル」を提唱します。

「人間モデル」は、「善さ」を大人が与えるのではなく、子どもが善くなろうとすることを助けるというような教育モデルです。子どもを白紙や粘土、植物や動物ではなく、人間として見ることによって成り立つモデルです。

村井実は次のように述べます。

ひとりひとりの子どもたちが、どの子どもも例外なく、「善くなろう」「善く生きよう」としているものとして観られ、かつ取り扱われなければならないことになるのです。当然、だれかが勝手に定めた「善さ」の目標に近づく程度に応じて「できる子」「できない子」や「善い子」「悪い子」などと区別して取り扱われる理由もありません。できようができなかろうが、大人の目に善かろうが悪かろうが、どの子もすべて「善く」なろうとしているのであり、そういう子どもとして取り扱われることになるのです。

そこで、そうなれば、第二に、おのずから、そうした子どもたちを「善くする」という仕事は、「飼育」というイメージに代わって、「援助」するというイメージで計画されなければならないことになります。（中略）なぜなら、もともと「飼育」というイメージは、子どもを自分で「善く生きよう」としているもの、つまり「善さ」を作り出しながら生きようとしているものと認めないで、大人の方でいわば勝手に定めた「善さ」に合わせて育てようとするところから生じたものだからです。（中略）はたからそれを「善くする」ための仕事というのは、「援助」以外にはありえないからです。(2)

このモデルでは、教育には目標がありません。「善さ」があらかじめあるのではないからです。

もしも子どもたちが身につける知識・技術を政府が定めるということになれば、当然に、子どもというものは、自分が何を学ぶかを自分で探すことのできない、そして、どこかで誰かに定めてもらうのを黙って学ぶ以外にない可哀想な生きものだということになります。

（中略）第二に、学校とそこでの先生方もまた、子どもたち同様、教室で学ばれ教えられることについて、やはり自分では決めることのできない可哀想な生きものだということになりますが、それも正しいのでしょうか。[3]

これは、中野重人の言う「ここまで来い来い」という教科観や、生活科・総合的な学習の学習観とも共通するところでしょう。

後に述べますが、フレイレとも共通するところを感じます。

パウロ・フレイレの銀行型教育

ブラジルの教育学者パウロ・フレイレは、これまでの教育を批判して次のように述べます。

教育する者とされる者……いろいろなレベルの教育におけるこの関係性について考えるほど、そこにはとても重要な特徴があることがわかる。基本的に、教育する者はひたすら一方的に話すということである。

話すというとなんとなくよいイメージもあるかもしれないが、そういうことではない。本当の意味での価値や、命といったものを根こそぎ無視してしまうような一方的な語りのことである。ただ、一方的に話すだけの教師と、ただ忍耐をもってひたすら聞く者である生徒という構図が、その特徴である。

もはや〝話す症候群〟とでもいおうか、病気の域ではないかと思う。教育にとって最も重要なキーワードが一方的に話すということになっているわけだ(4)。

これまでも、知識注入型、伝達型の教育への批判を見てきました。フレイレもこれを「銀行型教育」と名づけます（預金型などいろいろな翻訳がありますが、ここでは新訳をもとに銀行型教育を採用します）。

教師が一方的に話すと、生徒はただ教師が話す内容を機械的に覚えるというだけになる。

生徒をただの「容れ物」にしてしまい、教師は「容れ物を一杯にする」ということが仕事になる。「容れ物」にたくさん容れられるほどよい教師、というわけだ。黙ってただ一杯に「容れられている」だけがよい生徒になってしまう。（中略）

生徒と気持ちを通じさせる、コミュニケーションをとる、というかわりに、生徒にものを容れつづけるわけで、生徒の側はそれを忍耐をもって受け入れ、覚え、繰り返す。これが「銀行型教育」の概念である。「銀行型教育」で生徒ができることというのは、知識を「預金すること、知識を貯めこむこと、そして、その知識をきちんと整理しておくこと、であろう。(5)

知識注入型や伝達型の教育への批判では、知識だけではダメだ、というものが多くありました。フレイレの批判は、そこから一歩踏み込みます。

本来の探求という意味や、本来の修練という意味は失われ、一人ひとりが本来の人間になる機会を奪われてしまう。先生と生徒がカテゴライズされ、ファイルされてしまうような歪んだ教育のありようには、何の創造性もなく、変革への意思もなく、また知への欲求も生まれない。本来の知というものは、発見の喜びに次ぐ更なる発見、探求の姿勢、知ることへの切望、それを継続すること、そういったことから立ち現れるものだ。人間はそのようにして世界をつくってきたし、世界と共に生きたし、またお互いにそうしてきた。本来の希望というものもそういうものであっ

たはずだ。(6)

フレイレは「人間とはそもそも探求していく者」であると考えています。村井実も「人間は善くなろうとしている」と言い、共通するところがあります。こうした教育観の背後には、共通する子ども観、人間観があります。

そして銀行型の教育では、その人間本来の探求がない、つまり人間らしく生きられないとし、その状況を「飼育」とも表現します。銀行型教育を進めるのは、抑圧者が、自分たちに都合のいいような社会を構築するためになされるのです。

それは「教育される側がすべての本質にかかわることを考えにくくすることにある。べらべらと一方的にしゃべるだけの授業、『知識』の評価法、いわゆる『読むべき本の管理』、教師と生徒に距離をもたせること、進級判定、文献の指定などのすべては、常に『消化するだけ』の教育なのであって、本質的な思考を妨げるものである」からです。社会の本質を読み解く思考を阻害し、抑圧者に都合のいい知識だけを与える、それが銀行型教育であると言うのです。村井実も「どこかで誰かに定めてもらうのを黙って学ぶ以外にない可哀想な生きもの」と言ったのと同じような状況とも言えます。

これは、フレイレが識字教育に取り組んだ当時のブラジルの状況などを考えてのことですが、よく考えると、日本でも自分たちにとって都合のいい内容を子どもに教えようとするような教育運動ではよく見られます。そうしたときは、子どもに主体的に学ばせるということはなく、その知識を教えようとするようになっています。戦争時に少国民を作り上げた教育は、まさにそのようなものでした。

平和は大事です。ただ、例えば終戦の日などの報道を見ていると、幼児や低学年の子どもの「戦争はいけないと思います」などの発言には、これは子どもが本心から言っているいるのとは思えないものも見られます。正しいことだからと、子どもに無理に教え込み、そして言わせる。これは、フレイレの言うところの飼育であり、非人間化であり、抑圧者の教育にほかなりません。教育としてみるならば、少国民を作った教育と何ら変わらないことなのです。

少し論点はずれますが、ブルデューも「学校は支配的階層の分化を正統的な文化として被支配層に押しつけているにすぎない」と批判したそうです。

志水宏吉は、その例として「音楽の時間に西洋のクラッシックが教えられているが、それを鑑賞する耳（ハビトゥス）を有した者にはそれでよいが、家でクラッシックなど聴いたことがない者にとっては、それは退屈で苦痛な時間となるかもしれない。その時、その子どもは『いい音楽の値打ちがわからない人間』として断罪さてしまいがちなのである。」[7]と述べます。何を教えるのか、何に価値があるのかが、支配的階層によって決められているというのです。今は、こうした支配階層など無いと思えますが、実は、こうした学習内容の多くは、明治時代に定められたものです。支配層がいた時代の産物です。西洋に追いつけ、という時代背景もあったかと思います。

クラッシックは、音楽のたどってきた道を見ていくのには、適切な教材ですが、これもよいものだ、この価値がわからないとダメだ、のような音楽の学習になってしまってはいけません。

こうしたところを見ると、今の日本の学校でもフレイレが批判しているようなことは、往々にしてあります。

そうしてフレイレは銀行型教育の教師と生徒との関係を次のように整理しました。


a）教育する者はする者、される者はされる者。

b）教師は知っている、生徒は知らない。

c）教師は考える、生徒は（教師によって）考えられる。

d）教師は言葉を言う、生徒は言葉をおだやかに聞く。

e）教師は鍛錬する、生徒は鍛錬される。

f）教師が何をやるかを決め、実行し、生徒はそれに従う。

g）教師は行動する、生徒は教師の行動を見て自分も行動したような幻想をもつ。

h）教師が教育の内容を選ぶ。生徒はその選択に参加することはなく、ただ選ばれたものを受け入れる。

i）教師に与えられている権威は職業上の機能的なものであるにもかかわらず、あたかも知そのものの権威を与えられていると混同することで、生徒の自由と対立する。生徒は教師の決定に従わなければならない。

j）教師が学びそのものの主体であり、生徒は教師にとっての単なる対象である。(8)

今でも多くの学校で、こういう場面が見られるのではないでしょうか。そして、及川平治の動的教育と静的教育の対比などに似ているところがあります。

さて、フレイレは、銀行型教育を批判し、それに対するために本質的に物事を考える「問題解決型教育」を提示します。

ヒューマニストで革命的な教育者は、この可能性をただ待っているだけではない。この教育者の目ざしている活動は、教育される側の目ざしているところと同じであり、教育する側とされる側双方の人間化——ヒューマニゼーション——を目ざすものである。それは、本質的に物事を考える、ということであり、ただ与えられたり、届けられたりするような知識の詰め込みとは違う。教育者の活動は、人間の創造的な力への深い信頼に根ざしているものでなければならない。

これらのことを成し遂げるためには、教育者は教育される側のよき同志であることが必要である。(9)

問題解決型の教育では、教育者と学習者は、よき同志であり、上下関係のない水平的な関係に基づきます。そして、相互が認識の主体として社会の課題と向き合い、認識を深めることをめざします。そして、そこでは対話を重視します。

（銀行型教育の教育者は）人が生きる、ということにおいて、コミュニケーションが意味をもつことだ、ということが理解できないのである。教育される側の本質的な思考があってこそ教師もまた本質に近づくことができるし、教える者、教えられる者の双方が現実によって媒介され、両方からの意味の伝え合い、ということが成立する。思考は自らのみにとどまる思考ではなく、また他から押し付けられるものでもない。象牙の塔で孤立する思考であってはならないし、繰り返しになるけれども現実によって媒介され相互のコミュニケーションから生まれるものでなければならない[10]。

対話を重視するということは、独りでは学べないということです。フレイレは、あくまでも教育者と学習者による学習を考えます。そして、放任主義を批判します。

児童中心主義の教育観

フレイレの銀行型教育の批判は、学習者を人間らしく扱うところにありました。つまりは、学習者が学習の中心に位置づいています。

そうした学習者を中心に考える教育が、児童中心主義です。児童中心主義は、デューイの次の言葉から始まります。

旧教育は、これを要約すれば、重力の中心が子どもたち以外にあるという一言につきる。重力の中心が、教師、教科書、その他どこであろうとよいが、とにかく子ども自身の直接の本能と活動以外のところにある。（中略）いまやわれわれの教育に到来しつつある変革は、重力の中心の移動である。それはコペルニクスによって天体の中心が地球から太陽に移されたときと同様の変革であり革命である。

このたびは子どもが太陽となり、その周囲を教育の諸々のいとなみが回転する。子どもが中心であり、この中心のまわりに諸々のいとなみが組織される(11)

これが、大正期に、木下竹次、澤柳政太郎、及川平治などに大きな影響を与えます。そして新教育運動を進める出発点ともなりました。

教育が「子どもが中心である」ことに異論がある人は、ほとんどいないでしょう。今でも多くの教育者が、「子どもが中心である」と宣言しています。

しかし、この児童中心主義にも批判はあります。

一つは、児童中心主義だと、子どもに自由にやらせるのでわがままな子どもになってしまう、などの批判です。教師不在、指導がない、などと批判されることもあります。

そのほとんどは放任主義との混同や児童中心主義への誤解から生じているのではないかと思います。

さらに、児童中心主義で想定される子ども像は、理想主義的すぎるという批判です。純真無垢な子どもを想定して、現実とはかけ離れているということです。

もう一つは、学校という公教育機関、教室という集団であることから起きる矛盾です。子どもは一人ひとり興味関心が異なります。その子ども一人ひとりの興味関心に即して学習するとなると、教室での一斉学習は不可能になります。

苅谷剛彦も次のように指摘しています。

> 教育の論議をしていると、どうしても子どもに目が行きがちになる。子どもに目を向けずに教育を語ることは、正しい教育の論じ方ではない、といった主張がなされることも少なくない。「子

どもが目に入っていない」「子どものいない教育学だ」等々、子どもの主体性を大切にしようという善意が、教育論議にはあふれている。教育とは、子どものためを思う善意のかたまり、であるかのような印象さえ受ける。

私は、こうした考えを否定するつもりは毛頭ない。一人ひとりの子どもを大切にすることは、教育を考える上での一つの起点である。ところが、子どもに話が行くあまり、現代社会において、教育が巨大なシステムをなしており、経済や政治や文化、さらにはグローバル化といった現象と不可分に結びついていることを忘れがちになる。それは、日本の教育論議の特徴である。一人ひとりの子どもの学習や成長を語る水準と、公立の小中学校だけでも六五万人以上の教師が働き、さらには年間二〇数兆円の教育費を使い、行財政を司り教育の運営にあたる官僚機構を有する巨大な制度について語る水準とを意識的に区別しないと、少なくとも教育改革については実りある議論はできない(12)。

教育政策などを考えるような場合は、当然一人ひとりの子どもではなく、平均的な子どもを想定しなければならないでしょう。ただ、これは嶋野道弘の言うところの「子どもの実体」です。これまで見てきたように、「子どもの実体」をもとに「子どもの実態」に即して授業をする必要があります。この「子どもの実態」に即するところが、本来の授業者にとっての児童中心主義だと思います。

　また、苅谷剛彦は、志水宏吉の研究を引用して児童中心主義を批判しています。志水が調査に入った学校は、いわゆる困難校です。そこの教師が、その学校では「考える社会科から覚える社会科」へ切り替えなければならない、と言います。「学ぶ子どもの主体性」が強調されても、「学ぼうとしない子どもの主体性」は言及されない、と苅谷は言います。「不利な社会経済的環境におかれた社会階層やマイノリティの子どもたちにとって『子ども中心主義』の教育がふさわしいのかどうかについても検討する必要がある」とも述べます[13]。

　しかし、大正新教育運動の主役の一人である及川平治は、こうした経済的に困難で進級できない十三名の子どもを救うために、「いかなる教育計画も、教育の当体（児童）に帰する」と言い、分団式動的教育法を考案し、実践します。

　生活綴り方運動も、大正新教育運動、児童中心主義から始まります。それは不利な社会経済環境におかれた子どもたちにとって、大きな力ともなっています。

　さらに、特別な支援が必要な子どもたちには、個別の指導計画が立てられ、それに即して教育活動が展開していきます。つまりは、児童が中心になります。

　逆に進学校と言われる学校では、生徒自身が学習に主体的であり、学力のレベルも高いので、教師中心であっても授業は成り立ちます。極端に言えば、放っておいても生徒が自分で問題を解決できていきます。

ですから、社会的に弱い立場である子どもの教育ほど児童中心になっていて、また児童中心でなければならないのです。

そして、苅谷が児童中心主義の教育の例としてアメリカの取り組みを取り上げて批判しています。しかし、これは斎藤喜博や東井義雄、上田薫といった児童中心主義の教育者が当時の児童中心主義の立場を取りながら形式的に陥っていることを批判したのと（後述）、実は同じです。

私は、こうした批判の対象を、狭義の児童中心主義と捉えます。主に大正期の新教育運動での教育観です。子どもが自分で学習内容を決める、というようなところもあったりしますので、ある意味、最も先鋭的な児童中心主義とも言えるところもあるのではないでしょうか。だから、よけいに批判されやすいところもあるのでしょう。

私は、今は児童中心主義も幅広くなってきているのではないかと考えます。本来的には知識注入型の授業であっても、それは教師のためではなく、子どものためにあるはずです。そう考えると、すべての教育活動は、基本的には児童中心にならざるを得ません。大正新教育運動ほどではなくても、子どもを第一に考える教育が増えてきているように思います。

大村はま、吉本均は、「学ぼうとしない子ども」、教室で置き去りにされてしまった子どもに目を向けます。平野朝久は「はじめに子どもありき」と言い、次山信男は「子どもの側に立つ」、東井義雄は「子どもから」とも言います。そのほか多くの教育者が、子どもを第一にする教育を主張します。

坪田耕三が印象に残った授業として、高森敏夫の授業の一場面を紹介しています。

「合同の概念」を扱った授業であった。大きな模造紙に幾つかの図形が描かれ、それを黒板上に貼り出して、その中に描かれたモデルの図形と「同じものはどれか」と尋ねられた。もちろん、図は先生の手書きである。すると、一人の男の子が「これが同じだ」と言う。先生は「なぜそう思ったのか」と問い返される。「重ねれば同じになるはずだから」と言う。そこで先生は、「実際にやってないのではわからないだろう。やってごらん」とたたみかけた。その子は、先生が丁寧に作ってこられた模造紙の図なのだから、切ってはまずいのではないかと躊躇した。ところが、先生は「心配することはないから、それを実際に切って、重ねてごらん」と言うのである。子どもはおそるおそるそれを切って、思うところの別の図形に重ねていた。

この様子に、私は、ああ、授業は子どもの側に立って、予定になくても実際にやってみることがとっても大切なことなのだなと強く感じたものだった。(14)

本人は、児童中心主義とは意識していなくても、普段の授業で、子どもを第一に考え、実際にそのような授業に取り組んでいる教師がたくさんいます。

志水宏吉が調査に入った学校の教師の言葉は、まさに、「そこの学校」の、「目の前の子ども」を見たから言えることです。それは、子どもを中心に見ているからにほかなりません。「子どもの実体」ではなく、「子どもの実態」に即した教育です。もし教師中心であれば、行政や教育界全般が「考える社会科」を進めているから、それをやってしまう、ということもあるでしょう。それでも、目の前の子どもの実態を見ているから、「覚える社会科」をしようとするのでしょう。

私が出会ってきた教師、教育者は、みなこのような立ち位置にいます。

私は、これらをすべて広義の児童中心主義と言えるのではないかと思います。

ただし、それが、本当に子どものためになっているかは、要注意です。

子どものためになっているのか、子どものためと言いながら、大人のため、社会のため、国のためになっていることもあるのではないでしょうか。

例えば、教科書の記述で「侵略」か「進出」かが問題になったこともありましたが、こうした議論の中には、子どもは不在です。国の政策によって学習内容が影響を受けるということもよくありました。だから村井実は、「政教分離（この場合は政治と教育）」[15]を主張します。

以前、アメリカンスクールの特別支援教育を視察に行ったときのことです。その担当者が、「日本の障害者は、保護の対象とされていますが、アメリカでは、自立をできるようにし、市民として扱われます。そのために自立できるよう、手厚い教育がなされます」と話しました。これを聞いたときは、すばらしいことだなと感じましたが、でも、それは「よき納税者になってもらうほうが国益にかなう」からだと言うのです。私は、障害者も自立した市民であるべきだと考えます。それでも、この国益のために教育するというアメリカの考え方には驚かされました。こうした考えには、重力の中心が子どもではなく、国益にあります（日本では、明治期の教育も富国強兵の為だったり、今の公教育には、よき国民を育てるという国益の考え方も背景にはあります）。

ここまで極端ではなくとも、このように一見子どものためのように見えても、子どものためにではない、そういう教育も多くあるように思います。

児童を、子どもを中心に考えたから知識が軽視される、そう考える人もいます。でも知識は軽視されません。子どもを中心に考えると、それ以外でも必要なことが現れてきます。子どもを中心に考えなければ、大人の価値観での知識を与えるだけですみます。でも子どもの興味・関心に即したら、それだけではすまない、ということになります。子どもを中心に考えると、必然的に、子どもの価値観にあった知識が必要になり、それを消化する思考力や表現力も必要になってくるということです。

知識か考える力か、の二元論には子どもは不在です。子どもを中心に置くと、この二元論も克服されるのではないでしょうか。私はそのように考えています。

【注】

（1）村井実『子どもの再発見―続／新・教育学のすすめ』小学館、一九八二年、八頁
（2）同前、一四七頁
（3）同前、一五五頁
（4）パウロ・フレイレ／三砂ちづる訳『被抑圧者の教育学』亜紀書房、二〇一八年、一三〇頁
（5）同前、一三一‐一三二頁
（6）同前、一三二頁
（7）志水宏吉『学力を育てる』岩波新書、二〇〇五年、一〇九‐一一〇頁
（8）前掲（4）、一三四頁
（9）同前、一三九‐一四〇頁
（10）同前、一四五頁
（11）デューイ／宮原誠一訳『学校と社会』岩波文庫、一九五七年、四九‐五〇頁
（12）苅谷剛彦『教育改革の幻想』ちくま新書、二〇〇二年、二一六頁
（13）同前、一七四‐一七五頁
（14）坪田耕三『和顔愛語』東洋館出版社、二〇〇八年、三六二頁
（15）村井実『教育の理想』慶應義塾大学出版会、二〇〇二年

第4章　学力とは

学力の定義

学力に関しては常に論争があり、これに決着がつかないのは、学力の定義自体があいまいなまま、という意見があります。

知識量と考えている人もいますし、生きる力全般という人もいます。海外でもPISAはAssessment（評価）ですし、TIMSSを実施しているIEAはAchievement（到達度）です。こうした調査の場合は、計量可能な学力に限定されていますので、狭い意味での学力になります。

ただ、学校教育で言う場合の学力は、法律で決まっています。

学校教育法第三〇条の第二項が、学校教育における学力の定義と言われています。

2　前項の場合においては、生涯にわたり学習する基盤が培われるよう、基礎的な知識及び技能を習得させるとともに、これらを活用して課題を解決するために必要な思考力、判断力、表現力その他の能力をはぐくみ、主体的に学習に取り組む態度を養うことに、特に意を用いなければならない。

これによりますと、「基礎的な知識及び技能」「課題を解決するために必要な思考力、判断力、表現力その他の能力」、「主体的に学習に取り組む態度」の三本立てになっています。そして、これは、このまま観点別評価の観点につながります。

この学力の定義を採用するならば、知識や技能だけでなく、思考力などや態度も学力に含まれるようになります。

この定義をもとに、教育課程が定められています。学校教育における学力を考えるならば、まず、この定義が第一になります。

見える学力と見えない学力

学力には「見える学力」「見えない学力」があると言われます。この用語を世に出したのは岸本裕史です。『見える学力、見えない学力』という書籍は、ロングセラーにもなりました。

テストなどで計量的に示すことができる学力を「見える学力」、計量的には示すことができない学力を「見えない学力」と表現したのです。

計量的には示すことができない学力も、それ以前から重視されてはいましたが、こうした言葉を与えることで、わかりやすく、すっと理解でき、さらには教育界以外にもアピールできました。これは岸本の大きな功績だと思います。

ただ、この「見えない学力」の具体については、人によって異なります。

岸本裕史は、この「見えない学力」を「言語能力」を中核において、「根気」や「先行体験」と言います。[1]

志水宏吉は学力を三つに分類します。A学力として知識・理解、B学力として思考・判断・表現力、C学力として関心・意欲・態度とします。このうちのA学力を見える学力、B学力、C学力を見えない学力としています。[2]

今、多くの実践者、研究者が見える学力・見えない学力と言うときは、岸本の捉え方ではなく、概ね志水の捉え方になっています。

志水は、A学力を樹の葉に喩えます。B学力を樹の幹、C学力を樹の根とします。総体として「学力の樹」ができあがるわけです。

樹が育つためには、根は重要です。葉も茂らないと光合成ができませんので、幹や根も太くはなりません。葉、幹、根のバランスが大事だというわけです。

「見えない学力」が存在することは、教育以外のところでも多くの人が認めているでしょう。中室牧子の『学力の経済学』でも、非認知能力が重要であることが述べられています。[3] 中室は非認知能力は、「社会性がある」とか「意欲的である」など文部科学省の言う「生きる力」だと言います。そしてその中でも特に「自制心」と「やり抜く力」が特に重要だと言います。

関心・意欲・態度を学力とすること

前述の中室牧子の『学力の経済学』は、ベストセラーにもなりました。この本で紹介された非認知能力は、学校教育で言うならば「関心・意欲・態度」に近いものです。新学力観としてより強調されるようになりました（以下、態度という語には、関心も意欲も含めます）。

しかし、こうした態度を目標として、態度を評価することに反対の教師も多いようです。それだけでなく、社会一般でもこの態度の評価を批判している例が結構見られます。

ここで気をつけなければならないのは、学力としての態度と生活態度の混同です。「授業中にまじめに教師の話を聞く」ということを、そのまま学力としての態度と捉えている人も多いでしょう。教師でもこれを混同していることがあるようです。

態度を学力とみなすかどうかは別にして、重要視した教育者は数多くいます。木下竹次や及川平治などの言う「子どもの主体性、自発性」も態度です。昭和二三年に公表された「学習指導要領　試案」においても、次のように書かれています。

学習の指導は，もちろん，それによって人類が過去幾千年かの努力で作りあげて来た知識や技能を，わからせることが一つの課題であるにしても，それだけでその目的を達したとはいわれない。児童や青年は，現在ならびに将来の生活に起る，いろいろな問題を適切に解決して行かなければ

> ならない。そのような生活を営む力が，またここで養われなくてはならないのである。それでなければ，教育の目標は達せられたとは言われない。[4]

ここで言う「生活を営む力」というのは、単なる知識や技能ではありません。つまり態度の一つとも言えるでしょう。

同じ事態に出会って、環境等の外部要因が同じであっても、人の反応が違います。この要因を調べると態度だったのです[5]。つまり、課題に取り組むときの結果、学習の結果は、どのように取り組むかによって、違いが出てくるということです。それは、「意欲や関心、態度」が「知識や理解、思考・判断」を下支えをしていたということを示しています。

学力の態度としては、大まかに二つの側面があります。一つが知識や理解、思考・判断を下支えする側面、もう一つが学習の結果として獲得するものとしての「養われる態度」です。

教育基本法などの教育関連法令では、態度を身につけることが目標となっています。例えば教育基本法の第二条（教育の目標）では「真理を求める態度を養い」のように、五カ所で「養うべき態度」が目標として明記されています。目標への到達の度合いが評価ですから、目標として定められていれば評価をしなければなりません。

保護者や一般社会でもこれを受け入れ、理解することは難しいことですが、実際の社会では、態度で評価されていることがしばしばあります。

総合的な学習が導入されたころ、大手新聞社の編集委員の人と打ち合わせをしておりました。その際に、「関心・意欲・態度」の評価は不要ではないかと言われました。「知識」だけで十分ではないかと。そこで、「新聞社では、知識が多い人間と自分で課題を見つけて解決しようとする人間のどちらを社員として採用しますか」と聞くと、後者だと言います。実は、これは態度の評価にほかなりません。

また社会一般では、知ることとできることを同じと考える人も多くいます。

例えば、いじめで自殺という事件が起きたとき、「いじめはいけないことを学校できっちりと教えてほしい」とか「命の大切さを教えてほしい」という意見が出ます。

では、いじめた子どもは、いじめがいけないことだとは知らなかったのでしょうか。自殺した子どもは命を大切だと思っていなかったのでしょうか。無視くらいはいじめとは思わなかったという子どもはいるかもしれませんが、概ね、いじめはいけないことは知っていますし、命は大切だということは知っています。

殺人事件を起こした犯人も、殺人事件がいけないことで犯罪ということは知っています。

それでもやってしまうのが、人間なのです。

態度化というのは、いじめがいけないと知っているだけでなく、それを態度で示すことができるということです。

おそらく、いじめに関する知識を問うテストをすれば、勉強が苦手な生徒でもかなりの高得点がとれると思います。もし、このいじめの知識を問うテストで高得点を出した場合は、社会は学校のいじめ対策ができているとみてくれるのでしょうか。決してそうみてはくれないでしょう。やはり、いじめの知識があることよりも、実際にいじめが無くなることが求められるでしょう。つまり、態度です。

柳井晴夫は、学力について興味深い調査をしています。全国の大学教員四五〇〇名に、教員の所属する専門分野に進学してくる学生に最低限度必要とされる学力、資質、能力、性格を記述式で回答を求めました。そこに書かれたのは一〇〇以上の細かい項目でしたが、それを二七の資質に整理しました(6)。

その結果、上位一〇位までの項目は、「探究心」「論理的思考力」「持続力」「発想力」「判断力」「文章表現力」「自己表現力」「語学への関心」「読解力」「謙虚・真面目」でした。

ここでの、「探究心」「持続力」「語学への関心」などは、いわゆる関心・意欲・態度に属するものです。大学教員も、学生が学ぶためには、関心・意欲・態度が必要と考えているのです。

こうした態度が求められるのは、学校だけではありません。社会の様々な場面でありますす。多くの企業でも、知識量よりもこうした主体的に取り組もうとする態度のほうが評価されています。

経団連が二〇一七年に実施した採用担当者へのアンケート（五五三社回答）では、「選考にあたって重視した点」は、第一位が「コミュニケーション能力」、第二位が「主体性」、第三位が「チャレンジ精神」、第四位が「協調性」、第五位が「誠実性」です。(7)

苅谷剛彦もあるコンサルタントの言葉を引用します。

ある経営コンサルタントは、ナレッジワーカーが学習と切っても切り離せない関係にあることを次のように言う。

「ナレッジワーカーとは、知識経済にふさわしい自律型人材のことである。（中略）年齢にかかわらず潜在能力をフルに発揮し、環境変化に対しては、継続学習により、つねに新しいナレッジ（知恵と知識）を習得し、問題解決に立ち向かう社員のことである。」

ここに示されている学習の重要性とその肯定的イメージは、見事なほどに、教育における「学び」論、学習論のそれと一致する。(8)

ここでのポイントは「新しいナレッジ（知恵と知識）を習得」することと「問題解決に立ち向かう」

ことです。この「立ち向かう」が態度です。

つまり、社会が求めている学力は、知識の量よりも態度だとも言えます。態度は、見えない学力です。これを評価することは非常に難しいことです。だからといって、態度を意識しないで教育を行う、というのは、バランスを欠くことになります。知識を下支えする面もありますので、知識を確実に身につけるためにも態度は必要なのです。

知識か考える力か

いわゆるゆとり教育が進められていたとき、文部省（当時）に保護者などから批判の電話が多くあったそうです。例えば「子どもに県庁所在地を教えなくてもいいのか」などです。それに対して担当の先生は、「県庁省在地などの地名を覚えるよりも地図帳などを使って調べることができる力のほうが重要ではないでしょうか」と答えたそうですが、その保護者は納得されなかったとのことです（平成二〇年告示の学習指導要領から「47都道府県の名称と位置」が明示されました。その背景には、こうした批判がありました）。

県庁所在地くらいは覚えておく必要があるでしょうが、どこまで覚えなければならないのか、その線引きは難しいところです。覚えるのを県庁所在地までとすると、例えば北九州市や川崎市、四日市市などは県庁所在地ではないので覚える必要はないことになります。それぞれ日本の工業の学習では重要な都市です。それも必要ですが、それが過ぎると、次はここ、というように際限なく広がっていくでしょう。政令指定都市も増えています。世界遺産も増えています。つまり、必要とされる知識はどんどん増えていきます。

今まで見てきたように、知識偏重の教育はいつの時代もどこでも批判されてきました。それでも「知識こそが大事だ」という声もなくなりません。そして「知識」か「考える力」かの二元論に陥っていました。

ただ、知識偏重を批判する人たちも、決して知識を軽く見ているわけではありません。逆に知識を重視する人たちも決して考える力が不要と考えているわけではありません。どちらを重視するか、それによって授業のあり方が変わってくるので、こうした二元論に陥るのではないかと思います。学び合いの授業では、子どもにきっちりと知識を教えていない、のように授業のあり方とともに批判される例が多いでしょう。

前述したように、今は、ネットで様々なことをすぐに調べることができます。ネットを使うことで、膨大な知識を手に入れたとも言えるでしょう。それでは、それで学力が上がったと言えるのでしょうか。

「ネット持ち込み可」の試験をしたとしたら、誰もがいい成績をとれるのでしょうか（他人に聞くことは禁止です）。おそらく無理だと思います。

平成一七年二月に実施された国立教育政策研究所の特定課題の調査では、興味深い結果が出ました。小学校と中学校で同じ問題を出したのです。

四則混合の計算問題「3＋2×4」を、第四学年から中学校一年まで出しました。その結果は、正答率が第四学年七三・六％、第五学年六六・〇％、第六学年五八・一％であり、中学校第一学年での正答率は八一・一％でした。

小学校では、学年が上がるにつれて正答率が悪くなりますが、この年の第四学年が優秀で第六学年のできが悪かったということではありません。

その理由としては、第四学年は、この内容を習ったばかりだったということが挙げられます。つまり覚えたばかりだったということです。それが学年が上がるにつれて忘れてしまったということでしょう。各学年で継続してこの内容を学習するということもありませんでした。

中学校で高くなるのは、文字式の学習で、またこの乗除先行について学習するからです。もう一度学習し直したので、正答率が高くなったのでしょう。

つまり、覚えるだけの学習では、身につかなかったということです。

「覚えたことは忘れる」ということは至極当然のことです。誰もがそれを経験し、理解しています。それにもかかわらず、知識を伝えるだけの授業がずっと続けられてきたのです。特定課題の調査結果はほんの一部のことですが、これはどの教科でも同じことが言えるでしょう。

では、どうすればよいのでしょうか。

ある教育研究所の調査では、「田園」という漢字の獲得は東京都の田園都市線沿線の学校が高かったという結果が出ました。これは誰も当たり前のことと思うでしょう。

ただ、この調査が物語ることは、知識を日常で使うことが、定着には重要だということです。九九も一生懸命覚えたから、身についていると考えている人も多くいるでしょうが、九九を大人になっても覚えているのは、九九を使い続けているいるからです。九九の学習の後の割り算の学習でも九九を使います。獲得した知識をすぐに使う、こうしたことが必要なのです。

ということは、知識を重要とした学習でも、教師から伝達するだけでは、むしろ意味がないということになります。活用する場面を用意するほうが、効果があります。

大村はまは、生徒に漢字を学習させるのに、その漢字をふんだんに使った架空のインタビュー記事を作成します。この中には、学習する漢字が何度も出てくるので、それを読んでいるうちに、漢字が定着するというわけです(9)。

大学入試に向けて一生懸命覚えた英単語も、その後使わないと忘れてしまったということも多くの人が経験しているのではないでしょうか。私もそうです。

今の英語教育がなかなか成果が出ないのは、実は、その後の活用する機会がない、ということもあるのではないかと思います。

実質陶冶と形式陶冶

学力と関連して実質陶冶と形式陶冶の考え方も重要な視点です。陶冶は、ドイツ語の教育にあたる言葉の翻訳で、人間形成のような意味をもちます。

簡単に言うならば、学習の内容を得ることを目的としたものが実質陶冶で、学習の内容を通して、様々な能力を獲得することを目的としたものが形式陶冶です。

例えば、算数で、計算の方法を学習するのが実質陶冶で、計算の学習を通して論理や思考力も身につけるというのが、形式陶冶になります。

「数学の二次方程式の解の公式は、卒業後、一度も使ったことがない（だからいらない）」と言った小説家がいました。これは実質陶冶の考えです。これに対して芥川龍之介は「文芸家たらんとする中学生は、須らく数学を学ぶこと勤勉なるべし。然らずんばその頭脳常に理路を辿る事迂にして、到底一人前の文芸家にならざるものと覚悟せよ。[10]」と言います。これは形式陶冶の考え方なんですね。

形式陶冶か実質陶冶かは、何度も論争が繰り返されてきました。今の教育は、形式陶冶に重点が置かれています。

ネットなどで見られる教育への批判の中には、実質陶冶の考え方で批判しているものがよく見られます。なぜこれを教えるのか、教えないのか、どうしてこういう教え方をするのか、などです。

実質陶冶ならば、問題の解法を教えて反復するという学習ですむ場合もあります。ただ、その学習内容を通して、論理的な思考力も養うとなれば、そういう学習ではすまないこともあるでしょう。

評価をするということ

教師も、子どもも保護者も、テストを到達点だと考えます。テストの結果に一喜一憂します。その結果が子どもの学力の現れだと考えます（見える学力部分の）。

でも、はたしてそれは正しいのでしょうか。

六〇分の数学のテストがあります。これを五九分で解けた子どもと六一分かかった子どもがいるとします。この二人に学力の差はあるのでしょうか。

入試などは、選抜する必要があります。だから、六一分かかった子どもを落とすのはしょうがないでしょう。おそらくその子どもも納得すると思います。

これが学校のテストだったらどうなのでしょうか。今は、絶対評価ですから、子ども同士差をつける必要はありません。

でも、この二分という時間で成績に差をつけている学校、教師は非常に多いと思います。

中学や高校では、教科担任制で、一人の教師がたくさんの生徒を見るという状況です。そのため、効率が優先して、どうしてもテストの結果で評価するということも出るでしょう。

そして、テストの結果が成績イコールだと考える教師もまだまだ多くいます。それは、いわゆる旧来の学力観から抜け出せないのではないかと思います。

ある中学の体育の教師が、生徒に「高跳びは1m以上跳ばないと3以上はやらない」と言いました。ある生徒は悩みます。身長が低いその生徒にとっては、高い生徒に比べて、同じ課題ではありません。でも、その教師は、高跳びのテストで、どの高さを跳んだかで評価をすることを宣言したのです。生徒によっては、練習のときにクリアできたかもしれません。でもテストで跳ばないとダメなのです。

この教師にとって評価というのは、生徒を効果的にランクづけることになってしまっているのでしょう。入試のような選抜のために評価になってしまっているのです。

見える学力で評価をするということは、学校ではある意味やむを得ない部分があります。それでも、こうした入試のような評価になってしまってもよいのでしょうか。

上田薫は、「評価こそ人と人とのかかわりの出発だ」と言います。


わたしはそれゆえに、教育評価においてとくに、評価は出発だ、いや正しくは中途だと強く主張しつづけてきた。俗見のように評価を終末とみるのは、人間がもうたがいに無関係になると宣言するようなものなのである。（中略）この評価は変化しますよ、これを一つの相対的な手がかりとして、みんなでこれからこの子のことをよくみてやってください―そういう柔軟で謙虚な姿勢を全く欠いて、これがこの子の正札だぞと断定的に評価を突き出してしまえる教師は、人間としてこわいなど、わたくしなどは思わずにはいられないということである。
（中略）
評価はあとをひく。その意味で未完成である。その真実を忘れて一時の、しかもある立場からだけの評価を、あたかもレッテルのように人間にはりつけてしまうところに最大の過誤があるのである。(11)

こうした評価の見方の背景には、「人間が人間を評価する」ことの「本質的な問題」があります。点数で評価をするのは評価技術の一つです。態度の評価が難しい、というのも評価技術として難しいということです。

そうではなく、人を評価するということの本質をまず考えることが必要です。人は成長します。変わります。そういう人としての本質を無視していることが多くあります。学力ではありませんが、例えばレッテルで人を見るというのも評価をしているということです。クラスメートに「ネクラ」というレッテルを貼って、そのレッテルでその人を見続けるということは、正しいことなのでしょうか。同じように、テストの点数をそのままその子のレッテルとして貼り付けてしまっている、そういうことが実際には多いように感じています。

形成的評価

評価は、大まかに「総括的評価」と「形成的評価」があります。「総括的評価」は、それまでの学習の結果を総括して評価をするものです。通知表の評価や、中学や高校の中間テスト、期末テストなどもこの「総括的評価」に含まれます。「形成的評価」は学習の途中などで、現状を理解して、それをフィードバックすることで学習を改善していくための評価です。

例えば、陸上の一〇〇mの選手だとします。毎日、タイムを計り、それを練習に生かします。体調がどんなときにどんなタイムが出たとか、どんな練習をしたらどんなタイムが出たとか、そうしたことを認識して、最終的に大会などに望むのにどういうことをしたらよいのか、そうしたことを知るためにタイムを計ります。これが形成的評価です。

同じように、普段の学習のときの小テストなども、苦手なところを知り、そこを重点的に学習するなど、学習の改善に生かしていくものです。

先に挙げた、数学で六一分かかった生徒を、この問題ができないからさらに補習するということが必要なのでしょうか。入試の対策として、早く解かなければならないのなら、むしろ計算に習熟したほうがよい、そういうことがこのテストから導き出されるはずです。

小学校の算数で、低学年で繰り下がりの引き算につまずく子どもが多くいます。授業の中で、この子たちの計算の過程を見ると、数の分解がうまくいかないことが原因となっていることもあります。そのような子どもに、つまずくからとひたすら引き算の練習をしても意味がありません。引き算の学習ですが、数の分解を繰り返してそれを定着させるほうが効果的ということもあります。

このように、子どもを伸ばすために、テストであったり、ノートであったり、授業での発言などを生かすのが形成的評価です。

今から三〇年ほど前、兵庫県である市の教師が公文書偽造で逮捕されました。子どもの成績で差をつけたくない、だから通知表を全員3にしたのです。自分が担当している教科を3にすることは偽造ではありませんが、体育や音楽などほかの教師がつけた評価も3に直したのです。それが公文書偽造になるというのです。

この教師の気持ちはわからないでもありませんが、結局は、評価を順位づけとしてしか捉えていなかったのでしょう。

通知表も形成的評価として捉えることができれば、低い評価をつけることは、決して悪いことではありません。自分がどこに課題があるのかがわかり、それを伸ばすことができるようにもなるからです。逆に考えれば、全員を3にすることで、できない子どもの学び直しの機会を奪い、できないまま上の学年に送ってしまうことにもなるのです。

私は、子どもたちにも、こうした通知表の意味を理解させることが大事だと思います。悪い成績も恥ずかしいことではない、これから自分が伸びる、伸びしろが見えたということだと、そういうことを子どもに伝えることができればよかったのだろうと思います。

中間テスト、期末テストなどは総括的評価とされることが多くありますが、学校教育を生涯にわたる能力の達成を目標とするならば、これらのテストも形成的評価として活用すべきだと私は考えます。上田薫が言う「評価は中途だ」ということです。

こうしたテスト、通知表で課題になったところなどを次の伸ばせるように生かしていく、子ども自身が、そうできるようになれば、グンと伸びるようになるのではないでしょうか。

満点主義と零点主義

ただし、形成的評価でも気をつけなければならないことがあります。できないところを伸ばしてやろうとすると、どうしても、そうした問題点を指摘することになります。そうした指導は多いでしょう。その結果、子どもの意欲をそいでしまうということもあります。

平野朝久は、とても興味深い例を紹介しています。

（ある看護学校の）その学生が担当した患者は、出された食事の五分の一くらしか食べなかったので、何とか少しででもたくさんとってもらおうと努力した。そしたらある時、その患者が半分食べたそうである。そこでそれを見たその学生は、思わず「あと半分ね。もう少しがんばって全部食べられるようにしましょうね」と言ってしまったのである。励まそうとして言ったのであろうが、その時、その患者は、ポツリと一言、「やっと半分食べたのに……」とつぶやいたのである。それを聞いたその学生は、ハッとしたそうである。[12]

多くの教師だけでなく、親も子どもにこのような対応をしているのではないでしょうか。

これについて平野は、外山滋比古の「満点主義」と「零点主義」という言葉を使って説明しています。「満点主義」は満点を基準として至らないほうに目が向く見方、「零点主義」は零点もしくはこれまでの状態を基準として努力したほうに目が向く見方です。

この看護学生は、満点主義で見ていたんです。患者が努力して半分食べたのに、その努力を評価しないで、足りない部分を指摘してしまったのです。

平野は、幼児期には零点主義で見られていたのが、学校に入ってからは満点主義で見られるようになってしまう現実を指摘します。そして「優れた点をみるけると、すぐにほめるということを考えるが、教師と子どもとの関係によっては、このことがかえって、子どもの主体的な追究を妨げることがあるので注意したい。優れた点をほめるというよりも、それに共感するという方が、適切であるかもしれない。」とも言います。

欠点を指摘する、ほめる、どちらもある意味評価です。それも使い方によっては子どもにマイナスに働くこともあります。


以上のような内容は、教員採用試験などにもよく出題されることです。ですから、教員であれば、概ね知っていることです。

それでも、新学力観や態度の評価を誤解している教師、形成的評価を取り入れていない教師がまだまだ多くいます。

私は、こうした見えない学力や形成的評価を教師が理解するだけでなく、子どもや保護者に理解させることが大切だと思っています。子どものほとんどが知識こそが学力であるとか、テストで計るものが学力だと考えているのではないでしょうか。そしてテストがゴールで、テスト結果だけが学力の評価だと。

フィンランドでは、学習の最初に学習指導要領を子どもたちが読む、というのがあります[13]。自分が何を学ぶのかを理解して学習に望ませようということです。

なぜ、これを学ぶのか、形式陶冶の考えも含めて、子ども、生徒が理解できるようなると、学習も変わってくるのではないでしょうか。

そうした願いも込めて、学力観を一つの章として立ててみました。

【注】

（1）岸本裕史『見える学力、見えない学力』大月書店、一九九四年
（2）志水宏吉『学力を育てる』岩波新書、二〇〇五年、三六－四三頁
（3）中室牧子『「学力」の経済学』ディスカヴァー・トゥエンティワン、二〇一五年
（4）学習指導要領試案
（5）東洋ほか編『現代教育評価事典』金子書房、一九八八年、三〇二頁
（6）柳井晴夫「教科科目では測られていない学力とは何か」山森光陽、荘島宏二郎編著『学力―いま、そしてこれから―』ミネルヴァ書房、二〇〇六年、七五－九九頁
（7）日本経済団体連合会『2017年度新卒採用に関するアンケート調査結果』二〇一七年
（8）苅谷剛彦『学力と階層―教育のほころびをどう修正するか』朝日新聞出版、二〇〇八年、二三九頁
（9）大村はま『日本の教師に伝えたいこと』筑摩書房、一九九五年、一二－一五頁
（10）芥川龍之介『芥川龍之介全集　第4巻』
（11）上田薫『人間のための教育』国土社、一九九〇年、六一－六二頁
（12）平野朝久『はじめに子どもありき―教育実践の基本―』学芸図書、一九九四年、四三頁
（13）北川達夫・新井健一・中川一史『学びの資質・能力―ラーニング・トゥ・ラーン―』東洋館出版社、二〇一八年

第5章　新しい時代の授業

学習の七つの原理

教育について課題を感じ、改善を進めているのは日本だけではありません。世界各国で様々な取り組みが進められています。ＰＩＳＡやＴＩＭＳＳなどの学力調査も、その一環です。ＰＩＳＡを行っているＯＥＣＤは、学習の本質とは何か、について、「イノベーティブな学習環境プロジェクト」を進め、二〇一四年に次の七つの学習の原理を導き出しました[1]。

学習の七つの原理

1 学習者を中心とする
2 学習の社会性を重視する
3 感情が学習にとって重要である
4 個人差を認識する
5 すべての生徒を伸ばす
6 学習のアセスメントを活用する
7 水平的な関係をつくる

これらは、どれも、これまで見てきたものと変わりません。実は、この研究の結論部分でも、「この『原理』には、あまり新しいものがないので対応しやすいかもしれない」と書かれています。

「1　学習者を中心とする」は、そのままの意味です。ここでは、教師の役割を「壇上の賢人」から「机の側のガイド」へと変わることを多くの人が求めている、ということが紹介されています。また、「学習者を中心とする」には、高度な専門技術と注意深い設計を必要とすることが述べられています。つまり、今まで見た児童中心主義批判で指摘される教師不在ではなく、より高いものが教師に求められているということが示されています。

「2　学習の社会性を重視する」は、学習者が社会的相互作用を通して学ぶことを意味します。つまりは、子ども同士の協働的な学び合いが有効だということです。ただ、ここでの研究は、神経科学による知見も含まれています。脳科学的にも、実証的にも、協働学習が学習者の能力をうまく引き出していることが示されました。

「3　感情が学習にとって重要である」は、動機づけ、達成感情が学習の効果に大きく影響しているということです。

「4　個人差を認識する」は、個人的な差異が学習に大きく影響を及ぼすということです。その個人差は、能力だけでなく既有知識、学習のスタイルや方略、興味や動機なども含まれています。基本的には、そうした違いをマネージメントしていくことが重要であるが、また、そうした違いの中で、共に学ぶということを保証するのも必要なことです。

及川平治も「能力不同の見地」に立ちます。小原國芳も「人間ほど個性差の大きいものはけだし、宇宙間にない」と述べます。子どもは多様である、そう捉える子ども観が必要だということでしょう。

「5　すべての生徒を伸ばす」は、個人差や個人のニーズを把握することによって、達成可能な挑戦的な課題を提供することが可能になるということ、その中で、高い成績の学習者が低い成績の学習者を支援することで、すべての学習者が成長できることを示しています。

「6　学習のアセスメントを活用する」は、学習者の学習ニーズを確認し、それに合わせて適切な授業を進めるための、学習者の理解と学力進歩に関する頻繁かつ対話型なアセスメントを言います。簡単に言うならば、形成的評価が効果的であるということです。

「7　水平的な関係をつくる」は、学習の内容が教科にとどまるのではなく、教科の領域を越えた水平的な関係をめざす必要があることを示しています。つまり、生活の現実的な問題に対応していくためには、教科を超えた総合的な力必要とされるということです。そして、それをめざすべきだということです。

この七番目については、これまで触れては来ませんでしたが、次山信男は次のように述べます。

子どもの側に立てば総合的な学習は自然の姿であり、分化された学習は人為の姿と言えよう。そして、自然の姿には自ら道を拓く楽しさがあるが、人為の姿には歩かなければならない軌道が見

> え隠れする。[2]

学習の内容が教科に分かれているのは、効率よく学校で学習できるようにするためです。実際の社会では、分化されているということはありません。会社での仕事を学ぶのに、これは国語、これは数学と分かれてはいません。それは農業であっても工業であっても、そのほかの職業であっても、同様です。それが自然の姿でしょう。

だから教科に分けて学習するということは、ある意味、子どもに無理を強いている部分もあります。「軌道」というのは、平林一榮がこれまでの数学教育を「子どもに一本の道を指定して、その上をわきめをふらずに歩く練習ばかりさせ」る学習と言ったのと同じところでしょう。

合科学習を主導した木下竹次も次のように述べます。

> (分科学習は)実際の学習においては部分の学習から始めて漸次に全体を構成しようというのである。これが系統的で学習にもっとも有効な方法と信ぜられた。
>
> (中略)
>
> 分科主義にも一応の理由はあるが、人間生活をあまりに分類的に構成的に取り扱うては、複雑微妙な人生の向上をはかり文化の創造を進めていくことは困難である。[3]

そして倉澤栄吉は、次のように述べます。

教科書などの巻末の「総合単元」という、その「総合」という名づけ方には私は不快を禁じ得ません。「総合」なんてものは、大人が言わなくたって、子どもは自分でやっている。総合する力は、彼らが持っている。子ども持っている総合力を、教師はどのようにしたら伸ばし、身につけさせることができるだろうかという計画があってはじめて「総合単元」ができると言ってもいいかもしれない。（中略）子どもたちを迷わせて、抵抗させて、そして、苦しませ、自己否定をさせて、それで総合力ある人間に形成してやりたいという不退転の願望を、私たちは、今後の社会に生きていく子どもたちのために、深くほぞに刻み込んでいく必要があると思います。[4]

国語科の単元学習を進める倉澤栄吉が、それが形式主義に陥ってしまっていることを憂い、述べた言葉です。子どもは本来「総合する力」を持っている、それをまず認識して、それを伸ばすことを考えて実践すべきだということです。

そうしたことからでしょうか、上田薫は「教師は教科というものにしっかりとつかまることによって、がんじがらめにされていることに気付かないのである。教科を越えることが教科を生かすゆえんであることを、あらためにて心に銘ずべきではないだろうか。[5]」とも述べます。子どもは総合的に考えているのに、教師が教科にがんじがらめにされている、という指摘です。

学習した内容の水平的な関係をつくることは、教科の枠にとらわれてきた、日本の学校教育にとって、一つの乗り越えなければならない壁だったのではないでしょうか。

このように、海外で研究された新しい「学習の原理」も日本の多くの実践者がすでに語っていることの中に、ちりばめられています。

木下竹次も及川平治も、デューイ教育学の影響を受けていますし、ＯＥＣＤの海外の研究者もデューイ教育学に触れていないということはないでしょう。それぞれのルーツは同じかもしれません。

もう一つ、この研究と、これまで紹介してきた実践者との共通点は、学習の到達点をテストとは捉えていないところです。本来は、どれもそうある必要があります。しかし、実際にはテストがゴールだと考えている教師、保護者、子どもが多いのではないでしょうか。

ＯＥＣＤのこの研究でも、生涯にわたり成長していく、自律的な学習者、生涯学習の基盤を育てることを意識しています。それは、社会生活、経済生活などでの問題解決の能力の育成でもあります。福沢諭吉は実学を重んじ、木下竹次も「生活の向上を図るもの」としています。東井義雄の「ほんものの学力」もこうしたものだと私は思います。

こうした新しい研究だけでなく、古い実践者の言葉の中に、共通するところを見ていけば、教育としての普遍が見えてくるのではないでしょうか。

アクティブ・ラーニング

承知のごとく、アクティブ・ラーニングが教育課程の大きなキーワードになっています。国会図書館で「アクティブ・ラーニング」の書籍を検索しますと、四五二冊もの書籍が表示されます（二〇一八年七月二日）。

これまで見てきたように、アクティブ・ラーニングに近いことは、ずっと昔から取り組まれてきました。その意味では、アクティブ・ラーニングは、決して新しいことではありません。また、ＯＥＣＤの学習の「学習の七つの原理」とも共通するところもあります。そうしたことからも、これは、世界的な流れの一つでもあるでしょう。

しかし、ＯＥＣＤ教育・スキル局長アンドレアス・シュライヒャーは次のように述べます。

かつて「教育」と言えば、単に「生徒たちに何かを教えること」を意味していた。しかし、今や「教育」と言えば、それは、「ますます不確かで、移ろいやすく、先が見えなくなっている社会という海で、自分たちが進むべき海路を見つけるために頼りとなるコンパスや航海術を生徒たちが確かに磨けるようにすることを意味する。(6)」

こうした提言がされるということは、まだ、世界的にも教育が「生徒たちに何かを教えること」と捉えられているからでしょう。

これまで見てきたように、教育とは生徒に何かを教えることと考えている教育者は少数です。教育書などで、そう主張する教育者はほとんどいません。ずっと、そうではないと言い続けられてきました。

それでも、日本でも、この提言を新しいと感じる教師もまだまだ多くいるのでしょう。こうした提言があえてなされてきたのは、そういう現場の実態があるからだと思います。

そう考えると、日本の教育、日本の授業は進歩してきたのでしょうか。

アクティブ・ラーニングは、「教員による一方向的な講義形式の教育とは異なり、学修者の能動的な学修への参加を取り入れた教授・学習法の総称」と定義されています。

「学修者が能動的に学修することによって、認知的、倫理的、社会的能力、教養、知識、経験を含めた汎用的能力の育成を図る」ことができるということから、重視されるようになってきています。

ここで、「学修」という表現が使われているように、元々は大学の授業改善の文脈で出てきました。大学の講義は、従来の授業の最たるものです。昔からそうでした。

山本有三も、そうした大学教育に不満があったようです。昭和の初期に、明治大学の文芸科長を引き受ける際に、次のように述べます。

私は、この科を普通の学校といふよりは、文芸修行者のための一つの道場として考へてゐる。教えるとか、詰め込むとか、暗誦させるとかいふようなことに重きをおかないで、学生みづからが自身の力で「味はふ」「端的に会得する」「自分の中にある芽を伸ばす」さういふ点に主眼をおいていゐる。すなはち他動的でなしに、学生自身をしてみづから工夫発明させることを念としてゐる。（「駿台新聞」昭和8年3月）

有三にとって「教育」とは、いや「人を作る」ということは「自ら会得させる」ことであり、「自分の中にある芽を伸ば」させることなのであった[7]。

小原國芳も、小学校では「自由研究」ができるが、大学ではできない、と嘆いていました。大学の授業は講義一辺倒だというのは、昔からのことで、そしてそれを変えたいと考えていた教育者もいました。

この大学での授業改革を高校、義務教育へと広げていこうというのが、アクティブ・ラーニングの導入への流れでした。

ただ、このアクティブ・ラーニングとして求められていることは、文部科学省は文部省の時代から、同じことを繰り返して、言い続けています。

平成八年の文書には、次のようにあります。

現行学習指導要領の趣旨を実現するためには、自ら学ぶ意欲や思考力、判断力、表現力などの資質や能力を重視する学力観に立って、学習指導の工夫改善を図ることが重要である。学校においては、子どもたち一人一人が自らのよさや可能性を発揮して様々な対象に進んでかかわり、自分の課題を見付け、主体的に考えたり、判断したり、表現したりして解決するような学習活動を積極的に展開し、それを適切に支援していくことが求められる(8)。

とあります。ここで強調されている「自ら学ぶ」ということは、「能動的に学修すること」と同じ意味でしょう。「資質や能力を重視する学力観」という表現もあり、趣旨としては、今の改訂とそれほど変わらないようにも見えます。

さらに遡ると、昭和三三年の学習指導要領（試案）の一般編の冒頭に次のように書かれています。

このようなことを考えてみると，ほんとうの学習は，すらすら学ぶことのできるように，こしらえあげた事を記憶するようなことからは生まれて来ない。児童や青年は，まず，自分でみずからの目的をもって，そのやり口を計画し，それによって学習をみずからの力で進め，更に，その努力の結果を自分で反省してみるような，実際の経験を持たなくてはならない。だから，ほんとうの知識，ほんとうの技能は，児童や青年が自分でたてた目的から出た要求を満足させようとする活動からでなければ，できて来ないということを知って，そこから指導法を工夫しなくてはならないのである。

ここにも、「みずから」「自分で」という言葉が多く出てきています。それは、まさに「能動的な学修参加」の重要性です。

前述してきたように、大正期の木下竹次、澤柳政太郎から、多くの教育者、実践者が、能動的に学ぶことの必要性を主張し続けてきました。

そうしたところからも、アクティブ・ラーニングが取り入れられた今の教育課程は、従来からの教育改革の流れの延長線上にあることがわかります。そして、同じことが繰り返し、繰り返し、言われ続けてきました。

それでも、学校、授業が変わってこなかったのです。

それはなぜでしょうか。おそらく、明治以来の「教え育てる」教育観、「知識重視の」学力観、「教師主導の」授業観から抜け出せていなかったからではないでしょうか。

生活科・総合的な学習の導入の際にも、中野重人は授業観の転換を主張していました。しかし、実際に授業観を転換できたのは、小学校までで、中学・高校は従来の授業観のままだったのではないでしょうか（小学校でも転換できていない教師は多くいます）。ですから、総合的な学習の時間が、本来の使われ方でなく、教科の補習となってしまったり、国際理解教育、環境教育などの現代の教育課題を教え込むような従来の教科と同じような展開がされていたりしたのではないでしょうか。

だからこそ、アクティブ・ラーニングを導入するためには、アクティブ・ラーニングにふさわしい授業観や子ども観に転換していく必要があります。

求められる学びの質

アクティブ・ラーニングは、ある意味、学習方法です。「試案」がとれてからの学習指導要領は、学習の目標と内容を示すだけで、方法を示すことはありませんでした。生活科や総合的な学習の時間でもそうです。ただ、そのめざす学力において、「知識・理解」よりも「関心・意欲・態度」に重点を置く、新しい学力観が示され、「生きる力」、「確かな学力」、と言葉を変えながら、知識伝達型の授業を変えていくことが期待されていたのです。

ところが学校は変わりません。そこで、方法を示し、身につける資質・能力を明確にしたのが、新しい学習指導要領（平成二九年告示）です。ですから、今までにない大改訂とも言われます。

では、なぜアクティブ・ラーニングが導入されたのでしょうか。
中央教育審議会の答申では、次のように書かれていました。

学びの質を高めていくためには、第7章において述べる「主体的・対話的で深い学び」の実現に向けて、日々の授業を改善していくための視点を共有し、授業改善に向けた取組を活性化していくことが重要である。

これが「アクティブ・ラーニング」の視点からの授業改善であるが、形式的に対話型を取り入れた授業や特定の指導の型を目指した技術の改善にとどまるものではなく、子供たちそれぞれの興味や関心を基に、一人一人の個性に応じた多様で質の高い学びを引き出すことを意図するものであり、さらに、それを通してどのような資質・能力を育むかという観点から、学習の在り方そのものの問い直しを目指すものである。(9)

これによると、「主体的・対話的で深い学び」の実現のための授業改善の視点として、「一人一人の個性に応じた多様で質の高い学びを引き出すことを意図する」ために、そして「学習の在り方そのものの問い直しを目指す」ものとして、アクティブ・ラーニングが提案されたということです。

主体的な学び

主体的な学びについては、これまでも授業観や子ども観に関連して実践者、研究者の考えを見てきました。誰もが、子どもの主体性を重要だと言い、子どもの主体的な学びを求めます。

しかし、こうした主体的な学びも手放しでは受け入れられないという意見もあります。

佐藤学は、それを「主体性の神話」と言います。

子どもを自立的・自律的な学習者を育てることは、教育の大きな目的の一つである。そのことに異論があるわけではない。「主体性」神話とは、教師との関わりや教材や学習環境と切り離して、子どもの関心や意欲や態度など、子ども自身の性向に「主体性」を求める神話であり、子どもの内面の「主体性」によって遂行された学びを理想化する神話である。

（中略）（戦後の子どもは）国家や教師や親から「主体的に生きる」ことを強制されて苦しんでいる。強制されている点では、戦前も戦後も変わりはないのである。(10)

「学び」を中心とする授業が、教師中心の授業からの脱皮を促すとしても、子ども個々人が自主的に学ぶ授業に移行してしまっては、いったい何のための授業改革なのか、わけがわからなくなってしまう。（中略）「学び」を中心とする授業づくりとは、「自学自習」を追求することでもなければ、教室をばらばらな個人に解体することでもない。

実際、子どもの学びを中心とする授業における教師の活動は消極的になると考える教師は多い。実際は逆であって、学びを中心とする授業における教師は、一斉授業以上に積極的に子ども一人ひとりと関わるべきである。[11]

学習における主体性には、二つあります。一つは、授業参加への主体性です。主体的に授業に参加するという態度です。林竹二の講義形式の授業であっても子どもが主体的に参加していた、というときの主体性です。

もう一つは、学習そのものへの主体性です。教師から与えられるのではなく、子どもが主体的に問題を発見し、追求する姿です。木下竹次などが理想としたものです。これを過度に理想化してしまうと、教室がばらばらな個人に解体されることになると佐藤学は言います。そして、教師の関わりもなくなると考えられるようになるとも言います。

しかし、今まで見てきたように、木下竹次も中野重人も大村はまも、教えること、教師が関わることが必要であると述べています。林竹二も「教師がきびしく授業を組織するのでなければ、子どもは授業の主体になれないし、授業は授業にならない[12]」と言います。そしてパウロ・フレイレも、対話で学ぶためには教師は不可欠であり、放任主義を批判します。

佐藤学は、多くの学校に指導に入り、多くの授業を見ています。理想ではなく、学校現場の現実から、前述のような結論に達したのでしょう。理想としては、木下竹次や中野重人の言うように教師が関わらなければならないところですが、実際には、佐藤が指摘するような授業がまだまだ数多くあるのだということでしょう。

そして、一見、子どもが主体的に参加している授業のように見えても、実際には、子どもの学びの質が低い、という授業もあります。

私がある研究会で見た授業ビデオでは、そのような授業がありました。教師が発問する、子どもがほぼ全員手を挙げる、指名された子どもが答える、正答なので褒められる、次の発問がされる、をひたすら繰り返した授業でした。教師の発問、子どもの挙手、応答はまったく寸断することなく進められます。算数の授業でした。

これを公開した教師は、よい授業だと自信満々です。全員が参加している、全員が積極的に挙手している、手がピンと伸びてやる気が見られる、どれも正答である、そしてテンポがあり、空白の時間がない、ということです。

この教師は、ある研究団体の中核で活躍もしていましたので、これはこの教師だけでなく、この研究団体に所属する教師全般の考えでもあると思います。だから、こうした授業を支持する教師は多くいるのでしょう。

では、果たして、この授業で子どもは何を学んだのでしょうか。一見積極的に主体的に参加しているようですが、本来の学びはありませんし、学びの深まりもありません。林竹二の授業では、講義のようであっても、子どもたちは、頭の中で林竹二と対話をしています。それは授業の後の感想にも見られます。

こうした授業を佐藤学も見たのでしょう。「『主体性』神話に冒された授業は、『はい』、『はい』と活発に活動を展開してはいるものの、子どもが学んでいる内容は雑然としていて質的に貧弱であり、子どもの育ちも表面的で貧しいものになっている[13]」とも述べています。

そして、斎藤喜博も先に紹介したような授業を「ハイハイ授業」とも言い、次のように指摘していました。

(主体的学習とか、自発学習とか、自発協同学習が流行っているが)、私のみた授業のほとんどは、教師は教壇に立たないで、教室の横のほうに腰かけており、子どもが中心になって、質の低い形式的なことだけやっているものが多かった。そこには本質的な意味での主体性とか自主性などというものは少しもみられなかった[14]。

学級活動の際に、子どもが発言をする。それに「いいと思います」と子どもが続いていく、そして全員で「いいと思います」と言う。それについて横に座っていた教師は「いいと思いますは、元気がないな」と言っただけであったそうです。子どもが中心になって話し合いが進んでいく、それを自発的で、主体的だと考えてしまって、形式だけになってしまっているとの批判です。

また、ある教育雑誌のルポルタージュをもとに、次のように述べます。

ルポルタージュによると、「こんなふうに学習は子どもたちの手で、よどみなく進んでいく」ということである。しかし授業は、それが追求的なものであり創造的なものであればあるほど、「よどみなく」などは進んでいかないものである。追求的で創造的な授業のなかで、それこそ教師と子どもとが主体的に意欲的に追求し発見していく場合は、必ず教師と子ども、子どもと子どもの間に衝突・葛藤が起こるから、「よどみなく」などということにはならないものである。「よどみなく」授業が進んでいくということは、その授業が形式的であり、内容の質が低く常識的だということを物語っているだけである。⑮

学校の研究テーマに「主体的に学ぶ」「自ら学ぶ」を標榜していながらも、こうした形式的な授業になってしまっていることは、数多くあると思います。

また、当時の教育雑誌などには、主体性を育てるために「自分のことは自分でやるという習慣をつける」、「勉強が自分のしごとであることを自覚させる」とか、「子どもに学習は自主的でなければならないことをわからせておかなければならない」と書かれてもいました。それを斎藤は「しつけ」であり「押しつけ」であり「修身的」だと批判します。こうした論稿では、「よく知らせる」「姿勢を正す」などの表現も使われています。

子どもを主体的に学習させるために、「主体的に学習しましょう」と言ってそうなれば簡単なものです。しかし、そうならないことは、実際に子どもの前に立つ者には自明のことでしょう。斎藤も、それを不思議に思います。

そして、そうならないために、斎藤は、本当の「主体性」を育てるためには、授業の中で本質的なものに数多く触れさせること、「授業のなかで衝突・葛藤を起こし、発見し創造していく過程のなかで『主体性』も『自発性』も『協力性』も『創造力』も育てられていく」ことが必要だと述べます。

今、全国の各地に流行している「主体的学習」とか「自発協同学習」とかいうものが、みなこういう考え方に立っているとは思わない。しかし、もしこういう考え方がどこかにひそんでいるとすればたいへん危険なことである。「主体性」とか「自発性」を育てるどころか、「子どもを自主的に学習させる」という美名のもとに、形式的な低調な学習だけを子どもにさせ、しかも、形式的な「しつけ」によって子どもを、小さな動きのとれない型のなかに入れてしまう危険性が十

分にあるからである(16)

斎藤喜博が、こう述べたのは、一九六九年のことです。これまで見てきたように、主体的に学ぶことの重要性は、大正期から、主張されてきました。それでも、斎藤がこう述べなければならない状況になっているのです。

だから、今、求められている「主体的な学び」も、形式的になってしまう危険もはらんでいます。この斎藤の指摘は、これからの教育課程を実施していくために、無視できません。

対話的な学び

対話的な学びは、文部科学省のイメージでは、「子供同士の協働、教職員や地域の人との対話、先哲の考え方を手掛かりに考えること等を通じ、自己の考えを広げ深める「対話的な学び」が実現できているか。」となっています。

これは対話的ということだけではなく、相互的、協同的な学びとも言えるでしょう。「学習の七つの原理」でも「学習の社会性」の重要性が指摘されています。

こうした対話的な学びも、多くの実践者、研究者が、その重要性を述べていました。そもそも学び自体、対話的であるとして、佐藤学は、次のように言います。

学びは、東西を問わず、二つの伝統を有している。一つは「修養」の伝統であり、もう一つは「対話」の伝統である。（中略）もう一つの伝統は「対話」の伝統であり、古くはソクラテスの問答法が知られているし、孔子の「論語」も弟子との対話で記述されている。

（中略）

学校における学びは、この二つの伝統のうち、「対話」の伝統によって継承されるべきだろう。学校における学びは、教師の指導と援助のもとで仲間と共に遂行される学びであり、意識的かつ計画的ないとなみである。

（中略）

これらの思索をとおして、私は学びを対象世界との出会いと対話、他者との出会いと対話、自己との出会いと対話の三つの対話的実践として再定義した。対象世界との出会いと対話は認知的文化的な対話的実践であり、他者との出会いと対話は社会的政治的な対話的実践であり、自己との出会いと対話は実存的倫理的な対話的実践である。すなわち学びは「世界づくり」と「仲間づくり」と「自分づくり」の三つの対話的実践の統合である。これを「学びの対話的実践の三位一体論」と名付けている。(17)

確かに、ソクラテスや孔子の教育も対話でした。それから教室でも教師が問い、子どもが答える形式で授業が行われてきました。さらに、佐藤学は、それを越えるよう後段部分のように学びを対話の視点から再定義しました。

上田薫は、「グループ学習」と「話し合い」が社会科の本質を表すと言い、教室の寵児でもあった、と言います。「グループ学習」と「話し合い」は、まさに相互的で対話的な学びです。ところが、それがうまくはいっていません。

この寵児は多くの場合、社会科の本質に忠実ではなく、むしろ形式主義におちいった生命のない社会科を作り上げるのに役だったのである。なんのためにグループがつくられなければならないのか、なぜ話しあう必要があるのか、人びとは、なっとくのいくまでこのことをつきつめる努力をおこたっていたといわれても、いたしかたないであろう[18]。

形式主義に陥るというのは、主体的学びへの斎藤喜博の指摘でもありました。社会科の授業で子ども同士で話し合うとき、それが必然だから行うのか、そこまで考えている教師は少ないでしょう。むしろ教師用指導書に書かれていたから行う、という教師も多くいるそうです。それが形式主義なのです。こうした形式から脱却するには、どうすればよいのでしょうか。

上田薫は、二点挙げます。一つは「子どもが問題と強く取り組むこと」、それも「主体的な必要によっておこなうこと」です。もう一つは、「グループ活動の交錯」です。それは、問題解決の必要によって生じる「協力的な体制」です。そして教師の指導性は「学習をこのような望ましい体制に導くことにそそがれねばならぬ」と言うのです。

対話的な学びには、主体的な学びが欠かせない、ということです。そして子ども一人ではなく、子ども相互の学びも必要で、それを組織するのが教師ということでしょう。

このようなグループ学習のありかたは、視点を子どもにうつしていくとき、いわばかれらが自分のしごとの全体のなかに、自分の位置と役割とをつねに自覚しているということにほかならない。問題解決をあくまでも自分のものと意識し、そのしごと全体のなかに、自分を有機的に、したがって動的に位置づけているということにほかならない。そのためには道徳的な態度はもちろん、問題解決の全体を深く捉えるという知的な働きが必要であることは自明であろう。(19)

そして、話し合いがグループ学習を成立させるための媒介になるものだと言います。しかし、その話し合いについても次のように指摘しています。

ひとはともすれば、よい話しあいというものを、意見の完全な一致ということで考えようとする。しかし完全な一致ということは、具体的にはありえないことである。一致したと考えるとたんに、すでに破れているものなのである。ひとはそのことを、話しあいが終わって、しばらくたってから気づくことがある。

（中略）

話しあいは具体的には、決して完全な一致に到達しない。しかし、それにもかかわらず、いやそれゆえにこそ、話しあいは意味があり、有用なのである。一致するかのごとく、しかも実は破れるということこそ、さらに新しい話しあいをよびおこすものであり、話しあいが実践に対して意味をもつことなのである。

（中略）

子どもたちは話しあいをうまくやろうと意識する必要はない。しかし話しあいの真のやり方を知らない場合、かれらはむやみに抽象的な一致をいそいだり、目的の不明確なだらだらしたことばのやりとりに堕したりするのである。それはかれらが、自分が集団のなかにおかれた関係を具体的に自覚していないということにほかならない。[20]

ただ意見を述べ合うだけ、無理に意見の一致をみる、そうした話し合いには、意味がなく形式的である、という指摘です。こうした意見の一致をみるだけの話し合いには、何のために話し合いをするのか、という視点が欠けているように感じます。みんなで納得するというのもあるでしょうが、新しい価値を生み出すという目的があれば、話し合いは変わってくるはずです。

大村はまは、話し合いの重要性を説き、次のように述べます。

話し合いというと、たいへん漠然と考えられていて、ひとりの話でないのは、たいてい話し合いと考えられています。（中略）対話と問答が区別されていることは、ほとんどありません。それから、討議と会議、それもあんまり区別されていません。さらに討議と討論、こうなるとますます区別されていません。（中略）

けれども、私たちが勉強したり指導したりするには、それがどれであるかということは、きっちりと考えていないと困ると思います。(21)

大村はまは、話し合いを西尾実の分類をもとに区別しています。授業をするからには、それぞれの違いを認識して、「この場面では、対話がいいかどうか」などを考えていかないと、適切な指導ができないといいます。

同様に、斎藤喜博は、こうしたところを「会話」と「対話」の違いからみていきます。

自分の主張や感情を明晰に感情をこめて話すためには、会話でなく対話ということがどうしても必要になってくる。ところがいままでの学校教育においては、形式的な会話はあったが、生きた流動した対話というものはあまりなかった。それはやはり授業の形式とか質とかに問題があったのであろう。すなわち、授業が教師から子供に与えるだけの一方交通的な授業においては、教師が一方的に子どもに教え込み、子どもは教師と一対一の関係だけで教師の質問に答えるというものが多かった。また子ども同士の関係においても、一方の発言に対してただ自分の固定的な意見をいうというだけのものが多かった。だからそれは形式的になり、紋切形になり、そこには相互交流を起こし、学級なり個人なりのなかに新しいものを創り出し、それによって相互の考え方や感情を変革していくというようなものはなかった。それは古い会話ではあっても、決して生きた対話ではない。

対話はそういうものではない。いつでも相手とか学級全体とかを意識し、そのなかにいま創り出されている思考とか感情とかに対応して、自分の考えとか感情とかをそのなかに投入し、自分や相手を新しくしたり変革したりしていこうとする柔軟性を持ったものである。自分だけがものをいい、相手だけがものをいうように、それぞれが自分だけでものをいっているのとは質のちがうものである。

（中略）

単なる紋切形の会話調の話しぶりでは、内容がないし、自分に対してもクラスの仲間に対しても問いかけがないから、相互交流など決してできないものである。仲間との対話での交流がないから、新しいものを自分のなかやクラス全体のなかにつくり出していくこともできない。したがってそういうところでは、連帯感などというものもつくり出されるものではない。そういう意味で私は、学校教育においては対話が生まれ、つぎつぎと新しいものが創り出されるような授業をすることが、子どものことばを正確なものにし、内容のあるものにし、他と交流できるようなものにしていくのだと考えている。(22)

教師の発問に子どもが答えるというのは、決して対話ではない、新しいものを創り出そうとすると、単なる会話ではない、対話が必要であると斎藤は言います。

新しいものを創り出すというのは、そんなに簡単なことではないと考える人も多いでしょう。でも、そうではありません。

例えば、国語の文学教材の「読み」は、定まった正答があるわけではありません。明らかな誤読でなければ、子どもそれぞれの「読み」が創り出されます。そうした創造をするには、教師が話すだけではできません。

また、算数では、学習内容は数学ですでに完成していますが、授業では、その数学が成立していく過程を子どもになぞらせるような配慮もします。可能であれば、公式は自分で創るように、創造的な過程が仕組まれます。

多角形の内角の和を求める授業でした。三角形の内角の和が一八〇度になることは学んでいます。従来の授業では、多角形を三角形に分割して、その三角形のいくつ分で求めるようにします。それが、n角形の内角の和の公式、180×(n−2)となります。

ある子どもが「三角形の一辺のある一点を一八〇度の角と考えれば、四角形になる」ということに気づきました。これは驚きです。そうすると、三角形に一八〇度を足せば四角形の内角の和になります。同じことを繰り返していくと、一八〇度ずつ足していけばよいことがわかりました。それを一般化すれば公式ができます。まさに新しいものを創造した瞬間でした。

この教師が、授業は教師から子どもへの知識の伝達と考えていたり、子どもが授業は教師から教わるものだと考えていたりしたら、この発見はなかったでしょう。そして、この発見も子ども同士の対話から生まれてきたものです。

新しいものを創造する、そのためには会話ではなく、斎藤の言う対話でなければならないのです。

パウロ・フレイレの対話

パウロ・フレイレは「対話なくして問題解決型学習はない」と断言します。フレイレの問題解決型の学習は、知識伝達型の銀行型教育に対する学習で「本質的に物事を考える」ことをめざします。日本で行われてきた算数や社会科の問題解決学習そのままではありません。

対話を通して矛盾を超えていくところには、結果として新しい関係性が生まれる。教育される側にとっての教育する側でもなく、教育する側にとっての教育される側でもない、教育する側とされる側は対等な関係として立ち現れてくる。(23)

教育者と学習者が対話を通して学ぶことは、その関係を対等なものにします。斎藤喜博が子どもと勉強試合ができるのも、対等な関係になっているからです。そして対等な関係になると学習の内容が変わっていきます。「認識対象は預金型教育においては教育する側の私有財産とでもいうべきものであったが、こんどは教育される側の省察を求めるきっかけとなっていく」のです。

そして「対話」について次のように述べます。

対話とは世界を媒介とする人間同士の出会いであり、世界を〝引き受ける〟ためのものである。あなたと私という関係だけで空虚になってしまうようなものではないのである。

> 言葉を発して世界を「引き受け」、世界を変革するのであるならば、対話は人間が人間として意味をもつための道そのものであるといえるだろう。
>
> だからこそ対話は人間の存在の根幹にかかわる希求である。そして対話が、対話する人間同士の出会いであり世界を変革し人間化するための省察と行動のうちに行なわれるならば、対話というものを、ある人からある人に考え方をただ移し替えたり、考えを交換して消費してしまうようなものにすぎない、というふうに価値を貶めることはできなくなる。[24]

対話は、ただ自分の意見を相手に伝えるだけではない、ということです。フレイレの言う人間化というのは、対話と学習を媒介にして、抑圧されている状況を客観化し、自覚し、主体的に変革していく過程です。

そして、その対話を進めるためには、次のことが必要になります。

> 世界と人間に対して深い愛情のないところに対話はない。世界を引き受けることは創造と再創造の営みであり、愛のないところでそういうことはできない。
>
> 愛は対話の基礎であり、同時に対話そのものでもある。お互いの主体的な関係のうちに立ち上がるものであり、支配したりされたりする関係のうちに生まれるものではない。

また、謙虚さのないところにも対話はない。人間というものが続いていくこの世界を〝引き受ける〟ためには傲慢であってはならない。

対話は人と人がお互いに出会い、お互いの知恵を共有するような行為だから、どちらか一方が謙虚さをもたなければ、対話として成り立たない。

無知なのは常に相手のほうで、自分はすべてをわかっている、と思うような状況で、どうやったら対話が成り立つだろう？

自分は生まれが違う、という態度で相手の前に立って、相手をモノのように扱うような状況でお互いの間に対話が成立するだろうか？

また人間という存在に深い信頼がなければ、対話は成立しない。人間はなにかをすることができ、また再び何らかの行為に向かうものである、ということへの信頼。創造し、再創造する力への信頼。人間はよりよきもの、全きものを目ざすものである、ということへの信頼であり、また人間のそのような力は一部のエリートだけの特権としてあるのではなく、すべての人の権利としてあるのだ、ということへの信頼、のことである。(25)

対話は、単なる話し合いではありません。議論で勝ち負けを気にする人もいますが、議論も対話も、それによって新しい価値を創出するものです。自分の説をごり押しするものでもありません。だから「信頼」が大切であり、「何らかの行為に向かう」ことや「創造、再創造」「よりよきものめざす」ために行われるものです。斎藤喜博も、対話による創造を述べていました。

大村はまも「人をばかにする、下に見るということのほんとうにない教室、そういう教室にしなければ、たとえば話し合いなどということは成立しません。（中略）ですから、話し合いという時は、話し合いのしかたなどを教える前に、誰かが誰かをばかにしているということのない教室を作ることがまず大事です。[26]」と言います。

教師と子どもの上下ではない水平的な関係、子ども同士の信頼関係、それが対話の基本にあるのです。

深い学び

河合塾の調査によると、主体的な学び、対話的な学び、深い学びの三つの中で、高校の教師で一番イメージができないのが、深い学びでした。[27] 半分の教師がイメージできないと言います。

それは、質なのか量なのか、何をもって深いというかがわからない、ということのようです。

文部科学省では、深い学びについて次のように解説しています。

習得・活用・探究という学びの過程の中で、各教科等の特質に応じた「見方・考え方」を働かせながら、知識を相互に関連付けてより深く理解したり、情報を精査して考えを形成したり、問題を見いだして解決策を考えたり、思いや考えを基に創造したりすることに向かう「深い学び」が実現できているか。[28]

確かに、わかりにくいところがあります。「深く理解」「考えを形成」「創造」というところから、「主体的な学び」、「対話的な学び」が、方法的な側面があるのに対して、「深い学び」は学んだ結果を重視しているようです。

前述したように、佐藤学は、「『主体性』神話に冒された授業は、『はい』、『はい』と活発に活動を展開してはいるものの、子どもが学んでいる内容は雑然としていて質的に貧弱であり、子どもの育ちも表面的で貧しいものになっている[29]」と述べています。子どもたちが主体的に授業参加しているようでも、学んだ結果の質が低い授業が見られることを問題視しています。

柴田義松は、佐藤学の「学び合い」の授業を「ほとんどもっぱら子どもたちの話しあいで進められる授業で子どもたちが読み取った内容というのは、文章の表層的な内容にとどまり、深層読みには到底いたっていないのである[30]」と批判します。学び合いという学習方法をとっても、学んだものが表層的であっては意味がない、ということです。

ここで、主体的な学びが悪いのか、学び合いが悪いのか、は問題ではないと思います。重要なのは、学んだことによって得るものの「質」です。「主体的な学び」「対話的な学び」は必要です。ただ、それを取り入れたからといって深い学びになるとは限りません。

そこで問題となるのが、何をもって学びの質を決定するかです。

「深い学び」のために、まず「習得・活用・探究」という過程をとりますが、そもそも「学び」自体が探究であるという考えもあります。

例えば、今井むつみは、『学びとは何か』で、学びを次のように言います。

「学び」とはあくなき探求のプロセスだ。たんなる知識の習得や積み重ねでなく、すでにある知識からまったく新しい知識を生み出す。その発見と創造こそ本質なのだ。(31)

「深い学び」というまでもなく、「学び」そのものが探求というプロセスをとり、新しい知識を生み出す発見と創造であると言います。

澤本和子も「学び」について次のように述べます。

学びとは人が知的探究心をもち、納得がいくまで追求して、物事の本質を明らかにしたり、何かを作り上げたりする営みである。[32]

今井むつみと同様に、「追求」し、何かを「作り上げる」ことが「学び」だと言います。だから、「学び」を取り入れることで、次のようなことが起きるのです。

学びの特徴は、学べば学ぶほど理解が進み、何かができるようになり、調べたいことや疑問が増え、興味や関心が広がる点である。[33]

「学び」が進めば、「理解が進み」、「できるようになる」だけでなく、意欲が出て、より主体的になっていくという指摘です。林竹二の授業を受けた子どもは、新しい疑問をもつようになり、学習に意欲をもちます（本書八五頁）。こうしたことは、「深い学び」そのものとも言えるように思います。つまりは、本来的に「学び」をつきつめていくと「深い学び」と言えるようになります。

同様に、斎藤喜博も授業を「（文化財）をさらに拡大深化し再創造する力を子どもにつけて行くことだと思っています」と述べていましたが、これも「深い学び」に近い表現です。このように、今まで、見てきた教育者たちも、「学び」（木下竹次の場合は「学習」）を、ある意味「深い学び」に近い形で使ってきたように思います。

木下竹次の後を受けた奈良女子高等師範附属国民学校学習研究会は、「学習」という語については、次のように解説しています。

「学習」ということばは、ともすると安易に、知的活動に関する一面にだけ用いられる傾向があるが、われわれはそれを更に広い意味に於いて用いる。
それは単に知識技能の獲得作用ではなく、知的活動を中核としながら更に情意的、行為的な陶冶と連結する総合的な活動の全野を称するのであって、つまり自己建設、自己創造の連続的過程である。それはその基盤を生活に持ち、生活させることを方法とし、目的として生活の拡充、生活の創造を持つ営みである。これを知的陶冶の面から観た時に知育の立場があり、意志陶冶の面から観た時に訓育の立場がある。この両面が相互に饗応し結ばれつつ生活を高める具体的なすがたを「学習」と呼んでいる(34)。

私は、この「学習」の説明自体が、「深い学び」に近いものだと感じました。言葉のそれぞれが対応するというわけではありませんが、深い学びの「問題を見いだして解決策を考えたり、思いや考えを基に創造したりすることに向かう」は、「自己建設、自己創造」であり、「生活の拡充、創造」につながることでもあるでしょう。だから、この「学習」は、そのまま現代の「学び」に置き換えることができます。

これらに共通するのは、「たんなる知識の習得や積み重ねでなく」「単に知識技能の獲得作用ではなく」という点と「発見と創造」「物事の本質を明らかにしたり、何かを作り上げたり」「自己建設、自己創造」という点です。これが、「学びの質」の重要な要素なのではないでしょうか。ただ与えられた知識でなく、自分で追究し創り上げた知識、それによって新たな知識を創り上げること、問題解決ができること、それができるようになるかどうかが、学びの深さの一つの目安になるのだと思います。

例えば、台形の求積公式は、三角形や四角形の求積公式を応用して創ることができます。台形の求積公式を教師が与えて覚えたのか、それを自分たちで創り上げたのかで、学びの質が変わってくるということです。台形の求積公式を考える過程で使った知識、育まれた思考力、そして公式は与えられるものではなく創ることができるという実感など、公式を与えられる学習以上の深まりがあります。それは形式陶冶とも言えるところでしょう。

ただ、こうした今までの「学び」と新教育課程で言うところの「深い学び」の大きな違いは、各教科の「見方・考え方」を働かせながらというところです。「見方・考え方」を働かせることで、従来の授業とは一線を画すことになります。

「数学的な考え方」を進めた第一人者とも言える中島健三は、「数学的な考え方」の育成について次のように述べています。

「数学的な考え方」の育成とは、端的にいって「算数・数学にふさわしい創造的な活動ができるようにすること」であるが、そのためには、日常の算数・数学の指導において、個々の指導内容について創造的な指導を行い、子どもに創造的な過程の体験を積み重ねることが必要である。(35)

「数学的な見方・考え方」を、それ単独で育てるというのは不可能です。あくまでも算数（数学）を使う中で培うことになるでしょう。つまり、「数学的な見方・考え方」を育てるために、算数（数学）の学習の中で、それを働かせて学習を行うということになります。

それは、教師が説明するだけの授業で達することはできません。

中島の言うように「数学的な考え方」の育成には、創造的な活動が欠かせないのであれば、「数学的な見方・考え方」を働かせるような学習は、それはそのまま「深い学び」へと向かうのではないでしょうか。

例えば中島は統合的発展的な考えの指導として、平行四辺形の求積の学習を紹介します。

実際には、平行四辺形の図を示して、「こんどは、平行四辺形の面積を求めましょう」という問題で始めることが多いが、これでは、統合という観点とも、求積公式の意味ともかかわりがなく、課題にはならない。

たとえば、「長方形の場合には、（たて）×（よこ）という公式ができた。辺の長さがわかれば、いちいち単位面積のいくつ分を調べなくても、長さの計算で面積を求めることができた。それで、こんどは、長方形とよく似た性質をもち、整った形である平行四辺形についても、そのような公式ができないかを考えてみましょう[36]。

そうして、平行四辺形を分割して合わせて長方形にするなどをして、子どもから意見を引き出し、平行四辺形の求積公式を子どもが作り上げていきます。

「数学的な考え方」の一つである「統合的な考え」とは、「異なったものとしてとらえられていたものを、共通の観点を見いだして一つにまとめる」、「はじめに考えた概念や形式を一般化してもとのものを含めてまとめる（拡張）」、「すでにある概念や形式が適用できない場合に、補って完全になるようまとめる」ことの三つを挙げています。

ここでは長方形の求積公式と平行四辺形の求積公式とをまとめる、または拡張して同じものとする、というのが統合的な考えです。長方形は、平行四辺形の特別な形と捉えることができます。つまり、長方形は平行四辺形に包含されています。だから、統合することができるのです（正方形も平行四辺形に包含されていますので、平行四辺形の求積公式で正方形の面積を求めることができます）。そのために、まず既習事項である長方形の求積公式を思い出し、それを応用して平行四辺形の求積公式を作り出し、そしてそれらを統合していくのです。

ここで、従来の公式を覚えて適応させるだけという学習では、長方形の求積公式も平行四辺形の求積公式も台形の求積公式も別々のものになってしまいます。一般の人で、そう考えている人も多いと思います。

統合的な考えを働かせることで、「知識を相互に関連付けてより深く理解」することができるのです。そして自分たちで平行四辺形の求積公式を作り上げるという「思いや考えを基に創造」することもできています。つまりは「深い学び」へと結びついているのです。

そうしたところからも「見方・考え方」を働かせるというのは、「深い学び」には不可欠なのではないでしょうか。そして、そのためには、この各教科の「見方・考え方」をしっかりと理解することが必要です。

知を総合化すること

「深い学び」で求められるものの中には、教科で学んだ知識を総合化する、ということもあります。

ＯＥＣＤの七つの学習の原理の「水平な関係をつくる」に相当するところです。総合的な学習でめざすのもこうした知の総合化です。

それは、教科を超えるだけでなく、教科の中でも学んだことを総合化していくことも求められています。

中島健三の例で紹介したのも図形の求積公式をそれぞれバラバラに覚えていくのではなく、関連付け、統合的に捉えているものでした。

こうした総合化された知は、試験問題でも現れてきています。東京大学の二〇一五年文科各類地理では次のような問題が出ました。

第2問　設問B（3）

メキシコとC国はいずれもかぼちゃが第一位品目であるが、日本国内市場で取引されるかぼちゃは、この両国産と北海道をはじめとする国内産がほとんどを占めている。このように、メキシコとC国から多くのかぼちゃが輸入されている理由を、それぞれの自然条件に触れながら、あわせて二行以内で述べなさい。

このC国はニュージーランドです。解答は、メキシコは四季がなく温暖で、一年を通してかぼちゃが収穫でき、ニュージーランドは南半球なので日本と季節が逆になり、両国とも日本で収穫できない時期にも収穫できることが書ければよいのです。

ですから､この問題は中学生でも解答が可能です。それでもこうした問題が出されるということは、それぞれの知識がバラバラで、つながっていない生徒が多いということがあります。この問題がネット上で話題になったのは、ある意味東大らしい入試問題ということでした。それは、ただ知っているだけでなく、一般的な知識であっても、そうした知識をどう結びつけていけるかを問う、という意図があるようにも解説されていました。

私が、総合的な学習に賛成なのは、私自身が総合的な学習で育っていると考えているからです。私が小学生のころは、昭和四〇年代後半ですから、学校に総合的な学習の時間はありません。ただ、日常的に学習で得た知識を総合的に使う場面がたくさんありました。

例えば、家の手伝い、お使いなどで、お金を使う場面、計算する場面があります。小学校一年生には、アサガオの栽培があり、学校で全員が鉢植えでアサガオを育てます。そうした子どもも、家に帰ると、畑があり、キュウリやナス、トマトなどを育てていて、それの手伝いなどをします。田舎だったので、クラスのほぼ全員、農家でない家庭でも、何か野菜を育てていたでしょう。だからアサガオを育てる前から、日光が必要だとか、発芽には温度が必要だとか、そうしたことは知っていました。それを、教科で学ぶということは、経験を教科の学習で知識として整理し、そして教科で身につけたものを日常で総合化する、ということです。昔は、そういうことが多くあったように思います。海に行って、魚を釣ったり、捕まえたりもしました。そうした日常、遊びの中に、知を総合化する場面がたくさんあったと思います。

ある意味、経験主義的な学びですが、それは、分科されたものではなく、総合的な学びの場です。次山信男は総合が自然な姿だと言い、倉澤栄吉は子どもは総合する力をもっていると言います。だからでしょうか、そのころの友人たちは、学校の勉強は苦手でも、日常の様々なことは、自分たちで解決できる力があったように思います。海に行って、釣り具がなくても、落ちている釣り糸などを使って、魚を釣る道具などは、簡単に作れます。勉強の知識は無くても、問題解決能力はあり、探究力や持続力、そして主体性があります。

それは、いわゆる「生きる力」とも言えるものではないかと思います。

中央教育審議会答申では、次のように述べています。

こうした力は、これまでの学校教育で育まれてきたものとは異なる全く新しい力ということではない。学校教育が長年その育成を目指してきた、変化の激しい社会を生きるために必要な力である「生きる力」や、その中でこれまでも重視されてきた知・徳・体の育成ということの意義を、加速度的に変化する社会の文脈の中で改めて捉え直し、しっかりと発揮できるようにしていくことであると考えられる。時代の変化という「流行」の中で未来を切り拓いていくための力の基盤は、学校教育における「不易」たるものの中で育まれると言えよう。[37]

これまで紹介してきたことに共通する部分を見ていくと、そこに学校教育における「不易」が見えてきます。

福沢諭吉から木下竹次、及川平治、林竹二、斎藤喜博、大村はま、上田薫、倉澤栄吉、それぞれが述べてきたことを見ていくと、そこに「不易」が現れています。

木下竹次が合科学習を提案し、及川平治が動的教育法を提案します。大村はま、倉澤栄吉は単元学習を取り入れ、上田薫は、社会科、総合的な学習を通して授業を語ります。これらはすべて、知を総合化する学習とも言えるものです。

教科として分けられていても、学んだことを結びつけて、そして総合的な力として子どもに身につけさせること、それが「生きる力」であり、子どもたちが「未来を切り拓いていくための力」ともなるものです。

そうした視点が、これからの主体的な学び・対話的な学び・深い学びに必要になってくるのではないでしょうか。

【注】

（1）ＯＥＣＤ教育研究革新センター編著／立田慶裕・平沢安政監訳『学習の本質―研究の活用から実践へ―』明石書店、二〇一三年

（2）次山信男編著『子どもの側に立つ社会科授業の創造―新しい社会科教育像を求める実践的構想15講―』東洋館出版社、一九九八年、一六頁

（3）木下竹次『学習原論』目黒書店、一九二三年、一四五－一四六頁

（4）倉澤栄吉『授業に学ぶ』国土社、一九八七年、一四五頁

（5）渥美利夫ほか編『上田薫著作集12　教師と授業・続林間抄』黎明書房、一九九三年、一〇八頁

（6）教育課程研究会『「アクティブ・ラーニング」を考える』東洋館出版社、二〇一六年、四頁

（7）永野賢「山本有三の『人を作る』ことへの熱情と行動」

（8）文部科学省「我が国の文教施策生涯学習社会の課題と展望―進む多様化と高度化―」

（9）中央教育審議会答申「幼稚園、小学校、中学校、高等学校及び特別支援学校の学習指導要領等の改善及び必要な方策等について」

（10）佐藤学『授業を変える学校が変わる―総合学習からカリキュラムの創造へ―』小学館、二〇〇〇年、二二－二三頁

（11）同前、五〇－五一頁

（12）林竹二『教えるということ』国土社、一九九〇年、一六－一七頁

（13）前掲（10）、二四頁

（14）斎藤喜博『斎藤喜博全集第九巻　教師の実践とは何か　私の授業観』国土社、一九七〇年、三〇一頁

（15）同前、三〇四頁

（16）同前、三〇九－三一〇頁

(17) 佐藤学『学び合う教室・育ち合う学校―学びの共同体の改革―』小学館、二〇一五年、三一一‐三一二頁
(18) 渥美利夫ほか編『上田薫著作集　1』黎明書房、一九九二年、七四頁
(19) 同前、七六頁
(20) 同前、七七‐七八頁
(21) 大村はま『日本の教師に伝えたいこと』ちくま学芸文庫、二〇〇六年、八〇‐八一頁
(22) 斎藤喜博『斎藤喜博全集第七巻　私の教師論　教育現場ノート』国土社、一九七〇年、二五一‐二五三頁
(23) パウロ・フレイレ／三砂ちづる訳『被抑圧者の教育学』亜紀書房、二〇一八年、一五四頁
(24) 同前、一七二‐一七三頁
(25) 同前、一七四‐一七六頁
(26) 大村はま『教室をいきいきと』ちくま学芸文庫、一九九四年、四三頁
(27) Kawaijuku Guideline 2017.11
(28) 文部科学省「主体的・対話的で深い学びの実現（「アクティブ・ラーニング」の視点からの授業改善）について（イメージ）」
(29) 前掲（10）、二四頁
(30) 柴田義松『柴田義松教育著作集8　学習集団論』学文社、二〇一〇年、六七頁
(31) 今井むつみ『学びとは何か』岩波書店、二〇一六年、表紙解説
(32) 澤本和子『学びをひらくレトリック―学習環境としての教師―』金子書房、一九九六年、一九〇頁
(33) 同前、一八六頁
(34) 奈良女子高等師範学校附属国民学校学習研究会『学習叢書　わが校の教育』アサギ書房、一九四六年、八頁
(35) 中島健三『算数・数学教育と数学的な考え方―その進展のための考察―』金子書房、一九八二年、六九頁
(36) 同前、一五〇頁

(37) 中央教育審議会答申「幼稚園、小学校、中学校、高等学校及び特別支援学校の学習指導要領等の改善及び必要な方策等について」二〇一六年、一一頁

第6章　よい授業とは

授業の典型

ネット上で、「よい授業」について書かれたものを探しました。そこで書かれている多くは、「楽しい」「説明がわかりやすい」です。多くの人たちは、それが「よい授業」と考えているでしょう。

また、特定のイデオロギーを支持している団体などは、授業の方法ではなくて、内容で授業の良し悪しを評価しているものも見られます。自分たちの主張と合う授業がよくて、主張と異なるものは悪い授業です。

こうした傾向は一般の人たちにも見られます。教科書とは違った目新しい内容があって、説明がうまい、それがよい授業というわけです。テレビ番組の「世界一受けたい授業」なども、授業が上手い下手ではなく、授業の内容で「受けたい」となっているのです。

しかし、それでは子どもは不在です。大人が見て、大人がいいと思った内容を子どもに与えているだけの授業のイメージになります。

では、教育者、実践者たちが考えてきた「よい授業」とはどのようなものでしょうか。

青木幹勇が「授業経験者の間では、『いい授業』ということのいい方で、それとなく通じるものがあると思います[1]」と述べているようになかなかうまくは表現できないところもあります。

大村はまは、よい授業というのは言えないと述べます。

良い授業、良くない授業、そういうことを言うことはむずかしいと思います。今日だけ、良くなくみえても、それがどういう芽生えをみせるかも、わかりません。相手の子どもたちはたくさんいるのに、そう簡単に、だれかの授業に対して、これは良い授業だ、これはいけないんだということは、言えないという気がします。そういうことはむずかしくて、言えないという気がいたします。けれども、魅力というのは、そういう世界と違うのです。いいからでも、なぜだからでもないのです。なんだか、心惹かれてならない、そういうものが、教室にあったらと思うのです。(2)

大村はまが言う教室の魅力とは、どの子にも成長の実感があることです。

ただ、大村はまが言うように「よい授業」とは言えない、となると、私たちは何を目標にしていけばよいのでしょうか。

それは授業観と無関係ではありません。授業を「知識を詰め込むもの・知識を伝達するもの」と捉えれば、学習者が知識をたくさん獲得できれば、それがよい授業となります。学習内容がよければよい授業になります。

授業を「『変わる自分』を自覚する場（次山信男）」とするならば、子どもの成長があればよい授業となります。大村はまの「成長の実感」もそうです。

そういう意味では、改めて授業とは何かの答えを自分なりにもつ必要があるでしょう。それがよい授業がわかるための、するための第一歩です。

柴田義松は、「教授学の理論は、このようにして望ましい授業の典型を創造することをとおして生み出される」と述べます。(3) 望ましい典型的な授業を明らかにすることが、教授学研究がめざす課題でもあるということです。

だから、「よい授業」を求めてさらに一歩ずつ前に進むためには、何らかの「よい授業」の典型をもつ必要があります。

ダメな授業・教育とは

知識注入型、講義型の授業を批判する意見が多くあることは、すでに述べました。福沢諭吉が「生き字引と写字機械」をつくっているだけだ、と言ったのも知識偏重の教育への批判でした。

よい授業がわかるためには、悪い授業がわかる必要があります。一般的に、「よさ」よりも「悪さ」のほうがわかりやすいということがあります。

例えば、絵画などで、モナリザはいい絵だとは思いますが、これがなぜ世界最高なのかは、私自身理解できません。でも下手な絵はわかります。音楽でも下手な演奏はわかりますが、世界ナンバーワンと日本のナンバーワンの違いは、私にはまったくわかりません。

ですから、悪い授業がわかるようになることが、次の一歩なのではないでしょうか。

平林一榮は、次のように述べます。

あえて言わせていただくならば、われわれの今日の授業、とりわけ算数・数学の授業は、物的生産の過程にアナロジーを求めていたのではないか。学校・教室は一つの「工場」にみたてられ、そこから出来そこないの「人間計算器」がドンドン生産されていく――というが、今日の算数・数学教育を風刺する、もっとも痛烈なカリカチュアーではなかろうか。(4)

学校を工場と見立てるのは、よくあるメタファーでしょう。画一的で、無個性の子どもを生産しているイメージです。マクルーハンも「今日のテレビっ子たちは、いまだに一九世紀のままの教育施設という環境に入ると途方にくれてしまう。そこでは、情報はごくわずかしかないが、断片化され分類されたパターン・科目・時間割にしたがって、そこに秩序と構造が与えられている。どんな工場でも在庫目録と組み立てラインが備えられているものだが、教育施設も当然それに似た環境なのである(5)」と学校を工場に見たてています。

そして、平林は、単なる批判としてではなく、そうした現状を憂い、そして次のような決意をします。

授業とは一体どんなプロセスなのか。教室というのはどんな場所なのか。われわれに「学校工場」以外の誇りうる授業や教室のイメージがあるのか。私自身にもまだそれがない。しかし、いまのところどうにもならない現状とは別に、しかも現状の厳しい批判に立って、新しい「授業観」と「授業論」を構築することは、今後の数学教育学の重要な仕事であろう。(6)

この平林の論文が書かれたのは、一九八〇年代です。

それをずっと遡る大正期に及川平治は次のように述べています。

一つの家屋をつくるのに土台となるもの柱となるもの、屋根となるもの等、各特質を有する物体を要するごとくもっとも健全なる国家を建設するには、文学に秀ずるもの、科学の研究に従事するもの、政治的才能のあるもの、軍事に身を委ねるもの、宗教伝道に生命を献ぐるもの等、人類生活の一方面を分担して勤労するものを以て組織せねばならぬ。現今の学校は人の個性の発達を抑圧してことごとくこれを平凡化し、同一鋳型に投じてダース的人間をつくっているようである。こういう教育では、とても独創、発見、原作、自働に富める人間をつくることはできない。(7)

及川平治は、「子どもの能力不同の見地」に立ちます。子どもの能力はそれぞれ違います。そして社会で必要とされる人材も違います。それにもかかわらず、「個性の発達を抑制」し、「平凡化」し、「同一鋳型」に投じた「ダース的人間」をつくっているとの批判です。同じころ、木下竹次は、押し出された「トコロテン」とも表現しました。

福沢諭吉が明治に「写字機械」と言い、及川平治が大正期に「ダース的人間」と言い、平林一榮が昭和の終わりに「人間計算器」と言ったのは、どれも画一的で、「世に無用の人物を増したるのみ」（福沢諭吉）ということになってしまったことを嘆いてのことでしょう。

また、次のような教師がいました。

私はそれを教えました。だけど、子どもたちはそれを習わなかったのです。

（一教師の声　ポストマンとワインガートナー『破壊活動としての教育』(8)）

この言葉は、『セサミ・ストリート物語』からの孫引きです（翻訳が出ていないので）。こうした教師はいないことを願いますが、実際には多くいるのではないかと思います。

こうしたことは教育以外でもよくあります。我が家でも、娘に妹を起こしてきて、とお願いすることがあります。ところが、いつまで待っても起きてきません。それで、どうしたの？　と尋ねると、

「私は起こしたけど、妹は起きなかったの」と。

『セサミ・ストリート物語』の中で、この言葉が引用されたのは、悪い教師の典型と考えられたからでしょう。

実際に、このような教師は多くいるだろうと述べましたが、吉本均も問題視していて、子どもの立場から次のように述べます。

かれらは教室に出席はしている。しかし、身をもって参加はしていないのである。おとなしく適応しながら冷たく離反しているのである。こういう子どもたちは、いよいよ、教師には「見えない」のである。子どもたちの内面は、まったく見えなくなっているのである。こういう事態こそが、もっとも問題的だといわねばならない(9)。

とても悲しい話ですが、現実でもよくあるでしょう。ここで吉本は、教師を批判しているのではありません。教師の多忙による子どもとの接触の減少や学校による管理など、状況も含めて問題が大きくなってきていることを指摘しています。だからこそ、子どもと教師の相互主体的な応答関係の必要を説くのです。

これらの教育、授業を悪いものと考えるならば、アメリカの一教師、吉本の言葉は、教師と子どもとの関係が、教育の良し悪しの重要なポイントであることを示唆しています。

また、ある高校で見た授業では次のようなことがありました。東大に何人も入れている、いわゆる進学校の三年生で、授業はひたすら教師が説明するだけです。説明するだけの授業であっても、進学校の生徒には主体的に取り組むす姿が見えることもありますが、その授業では、受験に関係のない教科だからまったくやる気がない、そのような生徒が何人も見えました。

その教師は、なんとかしようとしたのか、隣の生徒と向かい合って、「教科書をお互いに読み合いなさい」と指示します。私は、この意味がわかりませんでした。どうやら授業に参加させるために、無理矢理やらせた、というもののようです。

これは、形式的な授業参加にすぎません。形ばかり授業に参加しているようですが、生徒の気持ちは入っていません。それでも内職をしたり寝たりされるよりはましと思ったのでしょうか。

主体的な授業や対話的な授業も形式的になり、中身がないことを斎藤喜博や上田薫が嘆いてました。こうした授業は、教師が授業をしたふりをするようなものです。

知識注入型や伝達型、画一化の教育、そして希薄な教師と子どもの関係、などが悪い教育、授業として挙げられてきました。銀行型教育というのもありました。それに主体的、対話的な授業、子どもが参加するような授業であっても、形式的になってしまっては、それはやはり悪い授業です。

そのほかにも悪い授業、よくない授業というのはあるでしょう。そういうものがわかるようになることが、まず第一と言えるでしょう。

先人たちの考える「よい授業」

それでは、よい授業・教育とはどのようなものなのでしょうか。いくつか紹介します。

「いい授業」と聞かれて即座に答えにくいと言う青木幹勇は、次のように述べます。

「いい授業」、それが、どこにも欠けたところのない玉のような授業であるとすれば、それは容易に望むべくもありません。しかし、部分的にうまくいったという授業、例えば、ある課題が、子どもたちの関心をよび、しばらくの間、それに熱中する時間がもてたとかめったに口を開かない子が、授業中本気で話をしたとか、短い教師の説話に、みんなが傾聴したなどという、一見ささいなことであってもいいのです。それが授業者の意図にそっての展開であり、子どももそれに関心を寄せ、興味をもった授業であれば、それは「いい授業」です。いや中には、意図とは別に思いがけない「いい授業」ができることもないとはいえません。こんな経験は誰もがもっているでしょう。(10)

おそらく、多くの教師もこう考えるでしょう。この考えでもよいと思いますが、これでは柴田義松の言う理想としての典型の授業には物足りなさを感じます。

その青木幹勇が著した書籍『いい授業の条件』には、次のような見出しが並びます。

1　クラス全員を学習の中に引きこむ。こういう授業はいい授業です。

2　子どもたちが、学習に集中している授業はいい授業です。

3　指導（学習）が、学力化していくという、手応えの感じられる授業はいい授業です。

4　その指導（学習）が、学力として積み上がっていく、そういう授業はいい授業です。

5　子どもたちめいめいの学習について、その子らしいオリジナリティーがうかがえる授業はいい授業です。

この見出しそれぞれをページを割いて解説しています。

「クラス全員を引き込む」「学習に集中している」というのは斎藤喜博や林竹二の言うよい授業と共通しています。「学力化していく」「学力として積み上がっていく」というのは大村はまとも共通するでしょう。

このあたりが、まず、よい授業としての基本ではないでしょうか。

斎藤喜博は、よい授業について次のように述べます。

よい授業は必ず、それをみる私や、他の仲間や、他の参観者を、その学習のなかに呼びこみ、横口を出させてしまうような力を持っている。そして、横口を出したもの自身が考えこみ、いままでの自分の解釈を否定して、新鮮な解釈をつくり出したり、いままでの自分の解釈を拡大したり、深めたりするような力を持っている。それはみな、授業が、否定し新しい肯定を生み出しながら発展していっているからである。

そういう授業者になるために、いちばん基本になることは、授業をする教師自身が、ひとりの人間として、恥をかくこと、傷つくことを恐れない人間になることである。

他人の前に自分の思考や論理を明確に出し、他と衝突することによって、自分を傷つけたり、自分を否定したり、否定されたりすることを恐れない人間になることである(11)。

よい授業には、すぐれた芸術作品と同じような、緊張と集中がある。そこでは、学級のどの子どもが、みな自分を発揮し、わきめもふらず生き生きと活動し、みんなの力でつぎつぎと新しい発見をしあってゆく。そしてそういう授業は、一時間の授業の仕方が独創的であり、演出的であり、また、芸術と同じような感動をよびおこすのであり子どもはもちろん、参観者をも、その学級の学習のなかにとけこませ、一しょに笑ったり緊張したり、発見したり、感動したり、新しいものを見いださせたりしながら、それぞれの心を新しく変革していくようにするものである。(12)

確かに、研究授業でも、つい引き込まれてしまうという授業に出会うことがあります。その教師の出す問いに、子どもと一緒になって考えていた、一緒になって笑っていた、ということもありました。上田薫は「よい授業のてがかり」とはっきりと述べ、次のものを挙げています。(13)

〔根本法則〕

1　人間理解を深め想像力を豊かにする
2　時間空間を十分活用する
3　個のために集団を生かす

〔三原則〕

1　計画はかならず破られ修正されなくてはならない
2　正解はつねに複数である
3　空白を生かしてこそ理解は充実する

〔三方策〕

1　迷わせ、わからなくしてやること

2　教えないこと、すくなくしか教えないこと

3　教科のわくにとらわれぬこと　授業時間にこだわらぬこと　授業はきっかけを与えるだけにすること

〔六つの具体策〕

1　立ち往生せよ

2　山をつくれ

3　拮抗を生かせ

4　ひっくり返しをせよ

5　あとをひく終末にせよ

6　抽出児を活用せよ

〔六つの問いかけ〕

1　自分のコンディションをととのえることに忠実であるか

２　子どもが教師の意図に合わせようとしてるのが見えるか
３　タイミングや自分の位置に心をくばるゆとりをもっているか
４　忘却と思いおこしを生かそうとしているか
５　授業の生きた流れとそのリズムに深く配慮しているか
６　不都合と思うことに身を寄せていこうとしているか

どれも授業をする上で必要であることは間違いありません。ただ、そのまま受け取れないという人もいるのではないでしょうか。例えば、三原則、三方策については、疑問に思う人も多くいるように思います。

三原則の「１　計画はかならず破られ修正されなくてはならない」は、指導案通りに授業を展開することを願う教師も多いでしょうし、「２　正解はつねに複数である」は算数や数学ではどうするのだ、という意見もあるでしょう。「３　空白を生かしてこそ理解は充実する」については、空白がないことをよしとする実践の報告もありました。

同様に三方策についても、それがよいと言われても、なるほどそうだ、と言える教師は少ないのではないでしょうか。

倉沢栄吉は、ちょうどこの部分を引用して次のように解説しています。

もし一時間の授業が、自分の思いどおりにすんなり進んだら、それは満点どころか、大変間違った押し付けを子どもに要求したことになったのかもしれない。
授業というものは、絶対に事がスラスラと運ばないものです。

われわれは現世的な存在ですから、問いを発して子どもがうんともすんとも言ってくれないと、なんとなく空白のむごさというものを感じて、やりきれなくなってしまう。しようがないから、その空白の恐れを埋めるためにつぶやいてみたり、あるいは「グループで相談してごらん」と言って逃げたり、「もう一遍言うよ」と押しつけたりするわけです。これらは全部空白を敵視したためです。しかし、黙っている空白というものは、実は大変大事な時間であるかもしれません。子どもは何も言ってくれない、というのは何かを考えているからです。そこを見破るだけの力を持ちたいものです。

上田薫は、まず、子どもを迷わせてからわからなくしなさい、と提案しています。一般の常識では、これになかなかついていけません。(中略)
わからないということが、どんなに大事なことかということがわかっていないのです。だから、宮沢賢治の「やまなし」を扱うとき、わからせようとするよりは、わからなくさせるほうがよいのです。

また、教師は、あんまり教えすぎているから、少ししか教えないこと、もしくは、全く教えないことだと上田薫は言っています。

教える仕事には、ある意味ではどうしても押しつけを現実に伴います。押しつけを全く排除した形での教師の授業が行われるということはありえないことです。

じゃあどうすればいいのか、前述の、「迷わせたり、困らせたり、考えさせたりする」というそういう時間を与えるということがヒントになります(14)。

これと同じようなことを今井鑑三も述べています。今井鑑三は、指導案通りの授業を浅薄な授業と言います。

研究授業が行われる。その後で、「いい授業でした」と言うことが多い。しかしそれが、「展開が円滑」「指導がうまい」「元気な発言」「指導案のとおり」という程度の意味であるならば、浅薄な評価と言えよう。進行が難渋し、子どもも教師も汗をかき、思うところまで到達しなくても「よい授業」は、あり得るはずである。

いま、例えば、子どもも教師も充実感を持ち、納得がいき、満足感や喜びを感じているような授業を頭に描いて、これを「よい授業」と考えるならば、そういう授業は、年間を顧みてどれほどあるであろうか。子どもからみれば、学習の喜びがあり、教師からみれば会心の授業であり、教材は価値高く生かされている。しかし顧みて念頭に浮かぶそのような授業は、意外に少ないのが普通である。

それに反して、「思うようにいかない」「指導案とずれた」「子どもが動かなかった」「時間が不足した」「教材研究が浅く、不十分であった」などの歎きが残る「失敗の授業」「不満の授業」が、むしろ多い。

それもそのはずである。子どもは生きている。しかも一人ひとり個人差を持っている。そしてその胸には、それぞれ求めるものを抱いている。教師は、その生きている子どもに対応し指導しなければならない。思うようにならないのは当然である。教材もまたその取り上げ方、視点の当て方によって、どのようにも価値づけられる。これら、いささかも固定していない流動の要素の上に授業は成立されていく。もちろん教師の授業力も関係する。(15)

授業の空白について、大村はまは「無言と不参加は別のこと」と言い、「黙っている時は聞く学習をしている大切な場で参加していないのではなく、聞いて考えて十分学習をしていることだと思います。(16)」と述べます。

石田佐久馬も次のように述べます。

> 授業のヤマでは、ひとりひとりにじっくりと考えさせなければならない。それには、発問の間とともに授業のあらゆる面にわたって沈黙、静粛を求めることが大切である。沈黙はむだな空白ではない。このあいだにそれぞれ独自の様式で子どもは考えを深めるだろうし、必要な個所を読み返すにちがいない。
>
> わたしたちは空白にも似た沈黙をおそれてはならない。しゃべりすぎて、子どもの思考をそこなわないようにつねに警戒しなければならない[17]。

上田薫、倉澤栄吉、大村はま、石田佐久馬、こうした著名とも言える実践者、教育者が授業の空白の大切さを述べます。それでも、私が見た研究授業、指導案では、こうした空白を大切にした授業は、少なかったように思います。

算数の問題解決の授業でも、子どもに自力解決の時間が用意されます。その時間を何をしていいのか、右往左往しているだけの教師もよく見かけました。

余談ですが、芦田恵之助が、綴り方の際に子どもの書いている間、教師はどうすべきかという質問に「透き通るようになることです」と答えたそうです。そしてそのために「実に長い間苦労してきた」

と言われたそうです。石井庄司が昭和七年の学士会館での講演で聞いた話です。[18] 名人とも言われた芦田恵之助らしいエピソードです。

うまい授業

石田佐久馬は授業を「よい授業」と「うまい授業」に分けて考えています。

「よい」授業は、子どもに学習内容がよくわかること、集団の中でちがった意見を出し合いながら学力を向上させ定着させることの二つにしぼることができよう。

とかく、授業の流れがスムーズで、外見がはなやかな「うまい」授業が「よい」授業だと受け取られやすい。授業というものは外見だけでは、そのよしあしを言うことができない。また、一時間だけの授業でもわかるものでもない。

授業は、なんといっても学ぶ者の自発性、主体性が大切であり、内から求めてやまぬ探究心を生み出さなければならない。そうすることによって授業がよくわかるようになれば、しぜんに質的な高まりが見られ、集団のモラールも上がってくるはずである。

流し方のうまい授業や、子どもが「ハイハイ」を叫ぶ、活気のあるように見える授業を「うまい」授業とし、これを「よい」授業に重ねるというのを、いかにも皮相な授業観である。「うまい」

授業は、指導技術を主とした考え方であり、言語技能主義とも結びついたものである[19]。

石田佐久馬は、「学校でしか教えられないことの一つは集団の中で考える力を養うということである」とも述べていますので、集団の中での学力の向上を「よい授業」と捉えています。子どもの変容、成長をよい授業の視点としているのです。青木幹勇もそうでした。また、外見ではわからない、一時間の授業でもわからないというのは、大村はまとも共通するところです。

研究授業等でも、発問が適切であったか、指名の仕方はよかったかなど、石田の言う「うまい授業」が検討されることが多くあります。教育書もこうした指導技術のものが多いでしょう。ただ、うまい授業を求めるだけでは「皮相な授業観」になってしまうのです。

林竹二も次のように言います。

授業の研究というものは、うまい授業をするためのものではないということを、あらゆる機会に私は言っているんですが、授業研究というのは、ともするとうまい授業をする研究になってしまいます。授業を見るときに参観者はふつううしろの方から先生の方を見ていますね。これでは先生の演技を見ているようなもので、ほんとうの授業を見ることにはならない。授業を見るには、子どもを見ていなければならないのです。そういう見方は斎藤喜博さんがやり出したのでないかと思いますが、宮教大の先生方には、前の方から見る人が多い。先生がいかにうまい授業をするかが、問題ではなくて、授業のなかで子どもがどれほど深い学習をするかが問題なのです。子どもの深い学習のためには、子どもの授業への深い参加がなければならない。そして、授業を通じて、子どものなかで何かがかわってくるという事実がなければならない。そして、授業を通じて、子どもの授業への深い参加がなければならない。そして、授業を通じて、子どものなかで何かがかわってくるという事実がなければならない。なにかが自分のなかに生まれてくるという子どもの経験がなければならない。子どもが自分の手で何かをとらえ、自分の目で何かをたしかに見るということがなければならないのです。子どものそういう仕事を助けることが授業のなかでの教師の仕事なんです。それを銘記しておいていただきたい[20]。

ここで言う「うまい授業」は石田佐久馬の言うのと近いものだと思います。表層的な教師の指導技術を林は「先生の演技」と皮肉ったのではないでしょうか。

研究授業を見るとき、子どもを見る、というのは私もよく言われたように思います。元日本数学教育学会会長の清水静海も、研究授業を参観するとき、子どものノートなど書いたものや机上の操作の結果を写真に記録していました。それをすぐにまとめて全体の講演でスクリーンに投影して解説します。研究授業の成果を子どもの姿で表現するのです。

教師がどういう指導をしたか、それも大事ですが、子どもがどう反応したか、どう変わったか、それをもとに授業について考察するのは、「うまい授業」から「よい授業」へ転換する重要な視点ではないでしょうか。

子ども自身の授業観を変える

子どもや生徒が考える「よい授業」は、こうした授業とは違っているのではないかと思います。子どもは、「早く解き方を教えてほしい」といいます。

それは、子ども自身の授業観や教育観が、「知識や解き方は教師が教えてくれるもの」というところにとどまっているからではないでしょうか。

ある学校で、理科の研究大会があったときのことです。私と同じ社会科の研究会に所属する教師も研究授業をするというので、参観に行きました。ただ、その授業自体は失敗に終わります。指導案とはかけ離れたものになり、授業の目標も達成できてはいません。協議会では厳しい意見も出ました。ところが、協議会参加者だけでなく、多くの教師が、このクラスの子どもを褒め称えます。全体会の記念講演でも講師が、「あのクラスの子どもはすばらしかった」と話します。

この教師は、社会科を専門としており、常に子どもが問題を発見し、追究することを心がけていました。研究授業でも、子どもが問題を見つけ、自分たちで調べ始めたのでした。だから、指導案の通りに動かずに、研究授業としての体をなしていなかったのです。石田佐久馬や林竹二の言う「うまい授業」ではなかったかもしれませんが、「子どもが自分の手で何かをとらえ、自分の目で何かをたしかに見るということ」は、この授業にはありました。

だから、この子どもたちは賞賛され、ここまで子どもを育てたというその教師も賞賛されました。授業を、一時間単位で見るならば、よい授業とは言えなかったかもしれません。子どもが主体的に学ぶということは、一、二時間の授業で育つことではありません。いろいろな教科の授業を通して、積み重ねてきた結果でしょう。そうして子どもたちは、授業を「自ら問題を見つけ、自ら解決していく」場と考えるようになっていたのです。

東井義雄も「授業は、授業からはじまっては授業にならない」と言います[21]。これは、授業以前の学級作り、子ども作りの重要さを指摘したものです。その一時間の授業の背後には、多くの積み重ねられた授業があり、学級作りがあり、子ども作りがあるということです。

繰り返しになりますが、授業は教師だけではできません。子どもと教師による相互主体的な応答の場（吉本均）でもあります。そう考えると、教師だけが授業観を転換できても、よい授業は難しいかもしれません。私と加藤一二三が将棋の対局をしても名局は生まれないでしょう。同様に教師だけがよくなってもよい授業は生まれません。子どもの授業観や学力観も変えていく必要があります。

子どもに応じるということ

教師、教育者、それぞれが異なった授業観をもっていてもよいと思います。人生観と同様、教育者の数だけの授業観があるでしょう。正しい授業観、間違った授業観というのもありません。ただし、授業の主役は子どもでなければなりません。それだけは絶対に必要です。前に、広義の児童中心主義と述べました。そこに立つ必要が絶対にあります。

そのため子どもに応じて授業（観）を変えることもときには必要です。

上田薫は次のように述べます。

> 教材研究の部会というのに出席してみたら、参加者がとうとうと論じ合うなかで、「こういう子にはこんな教材が」とか「こんな子にはこの教育内容はむりだ」とかいう、子どもをいれた話しあいがついに一度も出てこなかったのにびっくりしたことがある。この人たちはいったいなにをしている人たちなのだろうか。もしここにいるのがみんな教師だというなら、化け物の集まりではないかと私は思ったのであった。教材研究というのはひとりひとりの子どもにやるのが教育の正道だと思う。(22)

私もいくつもの研究会に出て、研究協議会にも参加しましたが、確かに子ども不在のものもありました。指導案を見ていても、子どもの実態に即していないなと、感じることがあります。社会科で農業の学習で、東京の子どもと農家の多い地域の子どもの授業が同じというのは、あり得ないことでしょう。しかし、田んぼに囲まれた学校でも、教科書の指導書通りの農業の授業が行われているということもあるようです。

以前、知的障害のある子どものための教科書を作成しました。主に特別支援学校の高等部などで使われています。通常の学校では高校生にあたる年齢の生徒のためのものですが、内容は小学校程度のものです。

この数学の教科書の編集の際に、通常の小学校でも行われている問題解決的な学習も盛り込むかどうかを著者の方々と議論を重ねました。

この教科書を使用する生徒たちは学校を卒業するとすぐに社会に出なければなりません。そこで、買い物ができるような計算力は最低つけなければならない、と考えました。

本来ならば問題解決的に学習に取り組むほうがよいという立場であっても、児童生徒のことを考え、解法を詰め込み、反復練習するだけの構成にしました。

また、ある小学校で六年生の習熟度別の算数授業を参観したときのことです。

習熟度別の授業で、一番できる子どもたちのクラスをベテランの教師が担当していました。この教師はＴＯＳＳ（教育技術の法則化）を実践している教師のようでした。

当時のＴＯＳＳは特別支援教育にも力を入れていました。また「褒める」ということも推奨しています。

その教師は薄く答えが書いてあるプリントを配り、その薄く書いてある答えを子どもたちに鉛筆でなぞらせました。これは特別な支援の必要な子どもに、学習の達成感を味わわせることを目的としたものです。

子どもたちは、教師の指示を不可解な顔をしながら聞き、言われたとおりに薄く書かれた答えを鉛筆でなぞっていきます。

それを見ていた教師は「すばらしい、みんなできるね」と褒め称えます。

子どもたちはさらにぽかんとした顔で教師を見ています。

子どもたちは、習熟度別で一番できる子ども、特に半分以上の子どもが中学受験をするような地域の学校の子どもたちですから、「なんでこんなことで褒められるのか訳がわからない」と感じています。

おそらくこの教師は、参観者がいるということで、ＴＯＳＳでも評判のよい授業をしようと考えたのではないでしょうか。ＴＯＳＳの教え方がいいか悪いか、それ以前に、この教師は、どういう子どもが対象かをまったく考慮していなかったのです。

ＴＯＳＳの前身でもある教育技術の法則化運動でも、「多くの技術から、自分の学級に適した方法を選択するのは教師自身である。（主体性の原則）」という原則に則っていますが、この教師は、それをできなかったのです。

まったく同じようなことを批判した教育者がいました。小原國芳です。

某県の小学校長です。一校十何名かのすべての先生を引き具して速記者の一名を伴って、明石の女子師範へと参観に行かれたそうです。帰校して、某先生の国語教授の速記録を示して、今、この通り授業せよとのことだったそうです。

聞いてあきれます。動的学習や分団学習、必ずしも悪いことはなかろうが、どこでもそれを以てとはただ驚くの外はない。一参考とはなかろうがスベテではあるまい。如何なる名授業であっても、ところと時と人とを異にしては常に教授は異なるべきはずだし、また一言一句も違わぬような教授ならウソの教授であり死んだ教授というべきです。録音機でもよい訳ですが録音機には教育は出来ませぬ。教育はそんな安価なものではない、教育するには生きた「人」がいる。かくの如く、その本質を捉えないで形体に心酔してる県が二、三でないようです。これは必ずしも本家本元が悪いという意味では決してない。末流の罪を責むる意味です。それにしても県郡視学や小学校長の頭の改造を切実に望んで止まない。(23)

これは、一九二一年（大正十年）八月に開かれた八大教育主張講演会での小原國芳の講演をもとにしています。ここでの動的学習や分団学習は及川平治の主張しているものです。

この時代から、「時と人とを異にしては常に教授は異なるべきはずだし、また一言一句も違わぬような教授ならウソの教授であり死んだ教授というべきです」と言われてきたのに、まだ、教科書の指導書通りの授業をする、という教師が多いのが現状なのではないでしょうか。

生活科の発足のころ、文部省（当時）が教材として「ザリガニ」を例示しました。これは、地域の身近な生き物のとしての例です。ところが、そのせいで、日本中のペットショップからザリガニが消えることになりました。日本全国どこの学校でも、「ザリガニ」を教材としようとしたのです。ザリガニのいない地域もわざわざ取り寄せました。それは、身近な生き物を扱うという生活科の趣旨からも逸脱しています。

本来は、地域の実情、子どもの実態に合わせるところですが、日本全国どこでもまったく同じことをしようとしているのです。これも「ウソの教授」であり、「死んだ教授」とも言えるのではないでしょうか。

最初の学習指導要領（試案）の序論に「この書は，学習の指導について述べるのが目的であるが，これまでの教師用書のように，一つの動かすことのできない道をきめて，それを示そうとするような目的でつくられたものではない。新しく児童の要求と社会の要求とに応じて生まれた教科課程をどんなふうにして生かして行くかを教師自身が自分で研究して行く手びきとして書かれたものである」と書かれています。「児童の要求」の応じることが、学習指導要領の本来のねらいでもありました。指導書をもとにしてもよいでしょう。ただ、少しでも目の前の子どもに合わせる工夫をすることが必要です。

よい授業を求める次の一歩がそこにあります。

教えるということ、教えないということ

何度も繰り返し述べましたが、児童中心主義であったり、子どもの主体性を重視すると、教師が教えない、学力が低下する、という批判がありました。木下竹次や中野重人などは、児童中心であっても教師の指導の必要を説きますが、実際には、何もしなくてもいいと考えている教師も多いように感じます。研究授業や届いた原稿や実践記録などでも時々見ました。

中野重人は、総合的な学習の実施のころ、ホワイトヘッドの「あまりに多くのことを教えるなかれ。しかし、教えるべきことは徹底的に教えるべし」をよく引用していました。こうした言葉が一人歩きし、少なく教えるのがよい、と考える教師も出てきたのではないかと思います。

佐藤学も「教師の関わりが消極的になると考えている教師が多くいる」と言います。そうした学びにおける教師の関わりについて、佐藤学は次のように言います。

学びを中心とする授業における教師は、子ども一人ひとりを注意深く観察しながら、具体的な作業を提起して学びの展開を触発し、多様な発見や意見の交流を組織し、学びの活動が豊かで深い経験になるよう、さまざまな働きかけを行うのである。(24)

このように何もしないということではなく、教師による働きかけがあるので、むしろより深い関わりがあるのです。そして、こうした教師による触発を斎藤喜博は「ゆさぶる」と言いますし、大村はまは次のように「波風を立てる」とも表現します。

回って行った時に、どっちがいいとか、そういう話はしないで、なんかいい着眼点をひとつづつ出していくほうがいいんです。こういうことを思うという、先生が、みんなが右の左へかたよっていたら、こういう見方をしたい、できる、思い込みたい、それが一番いいとは思わないけれども、私はこんなことも考えた、てなことを先生が言って、波を立てていくことが一番いいんで、たまには「そう。」と同感の意味の一語を表して子どもを喜ばせることもいいですけれども、波を立てていくことが一番いい。つまり、グループの勝れたメンバーになって一つの新しい見方をそこに見せるということが、私は大事だと思います。(25)

幸いにして、私はよい授業を見る機会にも恵まれました。そういう授業をする教師は、子どもをゆさぶる、波風を立てるのが、本当にうまいと感じます。それは、わかったつもりになってしまった子どもを、本当にそれでいいのか、とさらに深い理解に誘います。

ある算数の授業でした。分数の割り算の導入です。いきなり塾で先取りしてきた子どもが「割る数をひっくり返してかければいいと思います」と、発言しました。こういうことは、よくあるのでしょう。これに困っている教師も多くいると思います。思わず「黙ってて」ということもよくあるのではないでしょうか。

その教師は、まったく逆です。待ってましたと、「本当？　みんなに説明して」と、投げかけます。その子どもは、クラス全体に説明しますが、納得しない子どもも出てきます。それを教師がゆさぶっていきます。それからクラス全員での討論が始まります。クラス全体が、元々、こうした疑問をもつこと、討論することになれている子どもたちです。「なぜかけ算と同じ方法がとれないのか」、「かけ算と同じ方法でもできる」、そうした気づきを重ねる中で、分数の割り算を解く方法はいろいろあるが、通分したりする面倒などもあるので、ひっくり返してかけるというのが便利だ、という結論をクラス全体で共有したのでした。

クラスでの討論が主になりましたので、教師の発言は、講義型の授業と比べると圧倒的に少ないでしょう。でも、その一言一言が、子どもをゆさぶり、それでいいのかと自問させます。全員で参加するように目配り気配りも欠かしません。時々は、いろいろな子どもに意見を求めます。

この授業が、教師が解き方を説明するだけだったら、どこまで理解を深めることができたでしょうか。先取りした子どもの塾での学習と何ら変わらないものです。

この授業では、子どもたちが、自分たちだけでは、決して到達できない高みにまで、自分の手や足をつかってよじのぼってゆくのを助ける仕事があったように思います。

数学者であり、数学教育者でもあるフロイデンタールは、「子どもが自分で発見できるような秘密を、すべて教師が話してしまうことは、悪い教え方というよりむしろ罪悪である」と言います(26)。この教師は、分数の割り算はなぜひっくり返してかけるのかを、子どもに見事に発見させました。

そう考えると、何を教え、何を教えないか、を考えることも重要でしょう。

正木孝昌は、「授業はこの『教えてはいけないこと』『教えなければならないこと』の二つの狭間で成り立っています」と言います。

私たちは、子どもたちが失敗すると、すぐに何が原因かを教え、失敗を繰り返さないようにしようとします。あるいは、あらかじめ子どもたちが失敗しそうなところを予想し、前もって丁寧に指導するようにします。それが教師として当然の配慮だと考えています。それが教える立場にある者の子どもたちへの優しさだとさえ思っています。

それを宮坂さん（筑波大学附属小学校の同僚：筆者注）は「駄目だ」と言うのです。「教えていけないことがある。そこを見極め子どもたちが気付くまで待ちなさい」と戒めるのです。

（中略）

では、象さんを立たせることに失敗した子どもが、さんざん苦労して自分からどうすればいいか、気付くことができたらどうでしょうか。そこで、子どもたちは失敗にめげないで、自分でいろいろとやってみるという経験をもつことになります。受け身ではなく自分から積極的に相手に働きかけていくことになります。いつも、どうすればいいか他から与えられるのを待っている子どもにはしたくありません。(27)

子どもが困ったように見えると、手助けしたくなる、教師をめざすような人だとよけいそうでしょう。でも、あえてそれをぐっとこらえることも必要です。転んだ子どもに手を差し伸べる母親も多いでしょう。でも、自分で立ち上がることをじっと見守ることも必要です。けがをしているときなどは、手を出さなければなりませんが、そうでなければ、子どもは自分の力で立ち上がるものです。そうした力をつけさせるのが、教育であり、授業なのではないでしょうか。

教科に応じるということ

今まで紹介してきたものは、特にどの教科に限ったものではありません。国語教育の大村はまや石田佐久馬、倉澤栄吉が述べたことは、どの教科にも共通することです。社会科の上田薫の言葉も、どの教科でも参考になります。

主体性、意欲、話し合いの仕方、どれもどの教科でも重要なことです。

そうした教科に共通するよい授業のポイントもありますが、教科それぞれに、教科独自のよい授業のポイントもあります。

私は、図画工作や音楽は、ある意味、本来の学びが見えやすいように感じています。

一つは、身につける必要がある知識がそれほど多くはないため、知識偏重にはなりにくいということです。

二つ目は、活動が主で、子どもが主体的に取り組んでいるかどうかがわかりやすいということがあります。教科書を開いて座りっぱなしということはありません。

三つ目は、子ども自身が成長を実感しやすいということです。ただ、これはややもすると上手い下手がわかりやすいので、子どもの意欲を低下させることにもなりかねません。自分は下手だから、やっても意味がない、そう考えてしまう子どももいます。

そうした意味でも、学びを成立させるためには、子ども自身が図画工作で何を学ぶのか、音楽で学ぶというのはどういうことなのかを、理解することが必要です。そうした何を学ぶかを子どもに考えさせるには、覚える知識が少なく、活動が多い図画工作や音楽は、本来の学びがわかりやすいように思います。

上手に絵を描くことを図画工作の学習と思ってしまう子どもが多いでしょう。そして教師もそう考えていては、よい授業ができるはずはありません。子ども自身の授業観がそこで変わります。

青森県の下北半島の先端近くにあるむつ市立二枚橋小学校は、全校児童が数名という小規模校です。ＪＲの下北駅から、さらに車で三十分はかかるという、いわゆる僻地にあります。

この学校は、青森県内だけでなく全国の音楽コンクールの合唱部門に出場し、高い評価を得ています。平成二十年度こども音楽コンクールでは審査員特別賞を受賞しました。

それも選ばれた子どもだけでの参加ではなく、全校児童での参加でです（小規模校なので必然的にそうなります）。

東京藝術大学の佐野靖は、そこに、子どもたちの「音楽の学び」の姿を見ます。

この二枚橋小学校に首都圏から転校してきた子どもがいました。その子どもは合唱の経験もない普通の子どもでした。最初はついていけなくて悩んだこともあったようです。それでも、友達と一緒に合唱を学び、練習することで、全国レベルとも言える力を身につけています。

佐野靖が、その様子について、次のように書いています。

（転校してきたS君について）今年だけは時間もなく無理だろうと、先生自身覚悟していたそうである。そして、子どもたちにS君をはずすことをいつ伝えようか、せめて子どもたちから言い出さないうちにと迷っていたところ、子どもたちが入れ替わり立ち替わり、「先生、S君、今日はこの音が取れました」とか「ここまで声が出るようになりました」と報告に来るようになったというのである。結局、いつものように全員合唱で大会に出場することになった。「自分が変わる」ことと「仲間が変わる」ことは、彼らにとっては同様にうれしい出来事なのである。

このように「ともに歩んでくれる」友だちと先生方に囲まれ、転校当初は、自分が音が取れていないことさえわからなかったS君、自分で満足に感情のコントロールができなかったS君は、しだいに自分の声が変わっていることに気づくようになり、それが歌う楽しさや少しずつの自信につながって行った。コンプレックスが自信に変わり、感情面をコントロールできるようになった彼は、いわば「もう一人の自分」から新たな自分、変われた自分を見つめ直すことができるようになったのである。(28)

この子どもたちは、結果としてコンクールで優秀な成績を修めますが、その子どもたちの学びの姿を見れば、コンクール自体が目的ではなく、歌う楽しさを感得するという、音楽本来の学びが実現できていることがわかります。それについて佐野が次のように書いています。

コンクールの成績も彼らにとっては確かに重要であろうが、それは目標の一つでしかない。友だちと好きなうたを歌っている瞬間が大事であり、その快感や喜びが彼らの「生きる力」の源泉となっているのである。「歌うこと」は、学年を超えて学び合う重要な契機であるばかりでなく、人間的に成長する契機にもなっているのである。

（中略）

たとえ失敗したり、うまく行かなかったりしても、チャレンジしていることを共感的に受け止めてくれる友だちやバックアップしてくれる教師たちがいる。学校や生活の場全体が自発的なチャレンジを生み出す雰囲気、互いの表現を認め合う土壌をつくっていくことが、学びの場づくりの起点となっているのである

（中略）

答えが間違っていても先生は叱らないが、ことばが聞き取りにくかったり、相手の目を見て話さなかったり、他人の意見をよく聞いていない場合には、しっかりと注意をする。そうして育っ

たコミュニケーションの基本が、彼らの歌唱表現にも生きて働いていることは間違いない。

さらに音楽の授業では、低学年より子どもたちは自分たちの表現をMD録音でその場で聴いて、感想や評価を述べ合い、表現の工夫につなげている。對馬先生によれば、子どもたちは自分たちの音や表現を聴いてみないと納得しないと言う。

彼らにとっては、聴くこと、反省したり評価したりすること、表現を工夫することはそれぞれ別物ではなく、つながっているのである。

平等な機会のもとでともに競い合うことが、子どもたちの創造性や想像力の伸びにつながっているのは明らかである。(29)

ここには、子ども同士の学び合いがあり、教師によるしっかりとした（それでいて子どもに即した）指導もあります。決して子どもに任せっぱなしではありません。そして、その成果としての子どもの成長が目に見えてきます。友達の成長を喜び、自分の成長に自信をもちます。

この学びからも、どの教科にも共通する価値を見いだすことはできます。例えば、おそらく最初は下手だったS君への友達や教師の対応です。ほかの教科で言うならば、算数や国語で間違えてもかまわない、それを通して成長するんだ、というクラス作りに近いものでしょう。

ただ、この子どもたちの「歌う楽しさを感得」する学びのように、それぞれの教科ごとに教科の本質に根ざした学びのあり方があります。

次山信男は、「一人ひとりが幸せになるにはどうしたらよいかを考えるのが社会科教育なんだよ(30)」と述べました。これは社会科の本質です。

こうした教科特有の本質、よさを考え、それに即したよい授業を考えていくということも、必要なことではないでしょうか。

よい授業とは

それでは、結局のところよい授業とはどのようなものなのでしょうか。

私は、教師それぞれがもてばよいと思います。その答えを期待していた方々には大変申し訳なく思います。ただ、それぞれと言っても、自分だけの独善的なものではなく、今まで紹介してきたような、実践や研究に触れ、そうした中から共通することなどから、見つけ出していけばいいのではないでしょうか。いわゆる「不易」の部分です。

今まで、授業観、子ども観、教育観、学力観について考えてきました。それぞれ、多様な考え方があることがわかったかと思います。

柴田義松が言う典型の授業も、研究のために、授業の発展のためにそれを求めることは必要ですが、その典型の授業、理想の授業をなぞるだけでは、小原國芳の批判と同じことになってしまいます。

今まで、例えば水道方式のような○○式の指導法が生まれて実践されてきました。しかし、その中で、全国どこでも実践されて残っているものはありません。それは、子どもが多様だからにほかなりません。

算数の問題解決学習も特別な支援の必要な子どもには合わないときもあります。逆に特別な支援が必要な子どもに有効な方法が通常の子どもに有効とは限りません。

とある超進学校の教師から聞いた話です。そこの高校では、講義形式の授業がされています。それでも、生徒は、主体的に対話的に学びます。数学でちょっとおもしろい問題を紹介すれば、休み時間であっても、生徒同士で勝手に取り組み、わからないときは生徒同士で対話の中で解決していきます。生徒自身が、学習に対して意欲をもち、主体的に学ぶように育ってきているからです。

林竹二も講義形式で、教師が話すだけでも子どもが主体的に学ぶ授業ができると述べています。ですから、目の前の子どもがどういう実態か、それがわからないうちは、何がよい授業かをいうことはできないと思います。

それでも、私の場合は、編集という仕事をする上で、届いた原稿がよいか悪いかを判断しなければなりません。私なりの、そうした判断の視点、評価のものさしがあります。今まで述べてきたものに加えて、特に次の視点でみています。

① 子どもが主役であること

学習の主体が子どもであることは、基本中の基本です。

だから、指導案や実践記録にどのように子どもが表現されているかは、大きなポイントです。教師の発問だけで授業を記述しているのは、経験的に、よい授業ではありません。実際、そうした指導案も多くあります。

よい授業者は、授業中の子どもの姿をうまく表現します。それは、子どもをよく見ているからではないでしょうか。

ある国語教育の研究者は、お釈迦様の手のひらに子どもを乗せているようでなければならない、とも言います。子どもに気づかれず、子どもが自由に活動しているようで、それをすべて教師が想定しているのが理想です。

その研究者は、ある研究会の協議会で、「『手袋を買いに』の授業で、母親がいない子どもは、ほかの子どもと違う読みをするはずだ。それを想定していなければいけない。そうしたことは、学級担任制の小学校ならばできる」というような趣旨のことを話しました。子ども一人ひとり、それぞれ生活体験が違います。文学作品を読んでも同じになることはありません。でも、学級担任制の小学校であるならば、この子はこうした読みをするだろうと、想定が可能であると言います。

今まで見てきたように、子どもは多様ですし、指導案通りにいかないのが、授業です。それでも、可能な限り、子どもがどう動くかを想定することは大事なことでしょう。

よい授業者の指導案には、冒頭に書かれる「子どもの実態」は、抽象的な子どもの実体ではなく、目の前の子どもの実態が描かれていて、「予想される児童の反応」にはリアリティがあり、そうした子どもの思考の道筋に沿って、書かれています。そうなっていれば、概ねよい授業と言えそうです。

②　目標や評価が明確であること

授業には、目標があり、それに即した評価があります。インターネット上で公開されている指導案の中に、これが書いていないものがありました。目標がないまま、授業ができるのかと思いましたが、これらの授業の目標は知識の獲得なので、授業の内容＝学習内容＝目標と考えられているようでした。
指導案、実践記録などを見て、最も簡単に良し悪しがわかるのが、この目標と評価です
例えば、小学校の社会科で、農業の学習の目標が「日本の農業について理解すること」とあったとします（かなり極端な例で、実際にはありません）。これは、大人でも簡単に達することができない目標です。また、この目標の場合は、どのようなことを子どもが理解したら、よい評価となるのでしょうか。それも難しいでしょう。
体育などでも目標を「一〇〇mを九秒で走る」などとしても無理です。一〇〇mを九秒台で走れれば、それはすごいことですが、子どもの実態とはかけ離れています。そもそも、こうした目標の設定

自体が、本来の体育の教育課程の目標や内容と乖離しています。

意図的に極端な目標を例としましたが、一見、普通にあるような目標であっても、子どもの実態とかけ離れたものが、結構ありました。

中野重人は、こうした目標に到達することをねらった教科を「ここまで来い来いの授業」と言い、子どもが元気が出ない、と言います。村井実も、ソクラテスの対話的な学びでは目標はなく、結果として高みにたどり着いた、とも言います。

とはいえ、教科には目標があり、評価があります。ただ、この目標や評価は金科玉条のごとく、変えてはいけないものではありません。上田薫や倉澤栄吉が言うように、授業は指導案通りには進みません。授業の過程で子どもにあわせて修正していけばよいのではないでしょうか。

そして、指導書や国立教育政策研究所の評価基準例のコピーではなく、「本校の児童の実態」に即した目標と評価が書かれるというのが、非常に大事なことだと思います。

③　子どもの成長が見えること

一時間で子どもが大きく変わる、ということはなかなかありません。それでも、その授業で、子どもが何かに気づき、変わるところがあれば、それはよい授業だと思います。

教師の発問に「ハイ」と元気よく手を挙げ、正答を言う、それを褒めてから、次の発問をする、こうした授業は、子どもの学習の確認であって、宿題の○つけのようなものです。この授業での子どもの成長は見えません。

僻地複式の算数の授業記録でした。異学年で、同じ課題「たくさんの紙の枚数を数える」に取り組みました。下の学年の子は、最初は一枚一枚数えようとします。ちょっと横目で上の学年の子を見ると、紙の重さや高さを測ったりして、効率よく数えようと試みます。それを見た下の学年の子は、自分たちもまとめて数える方法を模索していきます。そこに、子どもの変化、成長がありました。上の学年の子に学び、そのまま真似をするのではなく、自分たちでできる範囲で、効率のいい方法を友達と工夫する、それに気づいただけでも、大きな成長でしょう。

小原國芳も、分数の学習で「先生、一と二の間には、数が沢山あるんですね」と気づいた子どもを紹介しています[31]。

成績が上がったとか、テストで満点をとったとか、そうしたものでなく、子どもが何かに気づいた、自分なりの考えがもてた、授業前の自分とは何かが変わった、そうしたものが見えるのが、よい授業だと思います。

④　教師の主張があること

私の場合は、指導案や授業記録は、論文であったり、原稿であったりするので、どうしてもそういう観点で見てしまいますが、教師の主張は必要だと思います。

よい授業をしたから見てほしい、そう送られてくるものも結構ありましたが、そういう主張がないものは、あまりよいとは思えませんでした。

学校の研究紀要等でも、冒頭の研究主題や研究の成果と後半の事例があっていないというのもよく見ました。例えば研究テーマが「主体的な子どもを育てる」となっているのに事例では、教師が説明してばかり、などです（極端な例です）。

通常の授業の指導案や授業記録でも、秋田喜代美が言うような「語りの言葉に現れる学習観」が出てきます。そこに共感できるところがあれば、よい授業と思ってしまいます。

そして日常の授業にも、その授業者の授業観、子ども観が当然出てきます。

つまり、主張があるということは、確たる授業観、子ども観があるということでもあります。教師の中のしっかりとした授業観、子ども観が見えてくると、よい授業になりやすいのではないかと思います。

⑤　独り善がりではないこと
研究授業であったり、雑誌の原稿であったり、人に見てもらうということで、力が入るということもあるでしょう。その中には、独り善がりだな、と感じるものがあります。これはよい授業にはなり

ません。

ＰＩＳＡで読解力の低下が示されたときも、自説を主張したいが為に、ＰＩＳＡの結果を都合よく解釈していたというのもありました。

また、よくあるのが、教材研究の不備によるものです。

これは、教師の例ではありませんが、ある企業が作成した学習ソフトのデモンストレーションで、次のようなものがありました。

三角形の内角の和が一八〇度になることを学習するものです。担当者は、多様な方法を用意しました、と自慢げに話をしていましたが、その方法は三種類でした。実際に角を測って足す、切ってはる、平行線を利用して同じ角に集める、などです。概ね教育書でもこの三つが紹介されています。

ところが、実際に授業をした人、見た人はわかると思いますが、子どもからはさらに多様な意見が出てきます。「正三角形は、一つの角が六〇度だから」という子もいます。これだけで説明にはなりませんが、誤りではありません。小学生段階ですから証明はやりませんので、たくさんの事例から帰納的に理解していくというのもあるでしょう。

切らずに折る、という子どももいます。大人にとっては同じだろうと言っても、子どもにとっては違うことだったりもします。

このソフトを実際に子どもに授業をした映像では、子どもからたくさんの意見が出てきて、結局は教師が黒板にそれを書いていきました。この映像の授業では、教師がうまく対応していましたが、それができない教師では、ソフトで示された三種類以外は認めない、というようになる可能性もあります。

こうしたことは、基本的には勉強不足から来ているのではないかと思います。勉強不足では、よい授業を望めるはずもありません。

また、平野朝久は、教え子から、ある子どもが文学作品のおもしろさを感じていないことについての援助について相談を受けたとき、「おもしろいと感じなければいけませんか」と問い返します。そして「(おもしろいと感じるという)『あるべきこと』に近い、あるいはその方向に向かう意見や考えは認められ、促進されるが、それからはずれたものは、無視されたり、否定されたりすることになる。おもしろいという前提に立って授業が展開された場合、おもしろくないと思った子どもにとってその授業はどのような意味をもつのだろうか」と疑問を呈します。これは、この教え子が卒業論文を書くために、ある学級で実践を行ったものでした。平野は、授業が終わっても子どものことを気にしている学生を「ありがたいこと」だと言います(32)。おそらく、子どものことを考える熱心な学生だったのでしょう。

独り善がり、というと、子どもを無視して、教師主導と思われるかもしれませんが、そうではありません。子どものことを考えて、子どもの側に立ちながらも、つい自分の考えに凝り固まってしまうということもあります。子どものため、という信念が逆に作用してしまうのです。ソフトを開発した人も、決して子どものことを考えていないわけではなく、子どもに楽しく、子どもにわかりやすくを考えた結果だと思います。でも、結果としてそうはなっていませんでした。

そういう意味で、常に、自分の実践、取り組みを、メタな立場からクリティカルに見ることができるようになる必要もあるでしょう。

それができると、きっとよい授業になると思います。

⑥形式的にならないこと

上田薫は、グループ学習や話し合いが「社会科の本質に忠実ではなく、むしろ形式主義におちいった生命のない社会科を作り上げるのに役だった」と述べ、斎藤喜博は、主体的な学習が「子どもが中心になって、質の低い形式的なことだけやっているものが多かった」と述べます。

佐藤学も「主体性神話」に冒された授業が「子どもの育ちも表面的で貧しいものになっている」と言います。

東井義雄も「『新教育』のおかした誤謬」と題して次のように述べます。

戦後、「経験学習」ということが言われ、「生活単元学習」ということがいわれた。「生活カリキュラム」の論議も花咲いたことがあった。そして、結局、「学力低下」が問題にされるような結果が生まれた。とても大じな着眼をしながら、なぜ、このことがよい結果を生み出さなかったか。私は「学習」らしいことはあったが「授業」がなかったからだと言いたい。「授業」がなかったということはどういうことなのか。私は、「授業」がないということは「教師」が仕事の中にいないということだと思う。教室に「教師」がいても、いないのと変わりないような仕方でした教師がいなかっということだと思う。(33)

大正新教育運動や戦後のコアカリキュラムなど、その理念自体は、高い評価があります。しかし、それを学校現場で実践していく中で、形式的に成り下がってしまったのでしょう。そうした理念を標榜した授業を形だけを実践し、本質である教師の指導がなかったということです。それが「はいまわる経験主義」とも揶揄されました。

中教審答申でも「これが『アクティブ・ラーニング』の視点からの授業改善であるが、形式的に対話型を取り入れた授業や特定の指導の型を目指した技術の改善にとどまるものではない」ことが明記されています。それは、今まで形式的になってしまったこと、指導の型となってしまったことへの危惧があるのでしょう。

授業が形式的であるかどうかは、子どもの姿でわかります。子どもが深く学んだ、変容した、成長した、と言えるようなものがその授業で見えるかです。斎藤喜博も佐藤学も学んだ結果の「質」を指摘しています。学ぶプロセスが問題解決的であっても、学び合いであっても、その結果としての学びの質が低ければ、それは形式的だと言わざるをえません。

こうした形式的になる理由として東井義雄は、「私たちは、頭のどこかでは『自発性の原理』を考えている。口でもそれをいう。しかし、実践を実際に支配し、行動を現実に支えているものは、案外、古い教育観であり、古い授業観なのではないだろうか(34)」と言います。私も、それを感じています。

だから、アクティブ・ラーニング、主体的・対話的・深い学びが、形式的に陥らないためにも、授業観、教育観、そして子ども観の転換が必要になるのではないでしょうか。

【注】

(1) 青木幹勇『いい授業の条件』国土社、一九八七年、八頁
(2) 大村はま『教室に魅力を』国土社、一九八八年、一五頁
(3) 柴田義松『柴田義松教育著作集6　授業の原理』学文社、二〇一〇年、七〇頁
(4) 平林一榮『数学教育の活動主義的展開』東洋館出版社、一九八七年、一四頁
(5) マーシャル・マクルーハン『メディアはマッサージである―影響の目録』河出文庫、二〇一五年、二一〇頁
(6) 前掲(4)、一四頁
(7) 及川平治『世界教育学選集　69　分団式動的教育法』明治図書、一九七六年、二二三頁
(8) ジェラルド・S・レッサー／山本正・和久明生訳『セサミ・ストリート物語―その誕生と成功の秘密―』サイマ

ル出版会、一九七六年、九一頁
(9) Neil Postman, Charles Weingartner "Teaching As a Subversive Activity", Delta Publishing, 1971
(10) 吉本均編『学習集団づくり第一歩―授業を「応答し合う関係」に―』明治図書、一九九〇年、七頁
(11) 前掲(1)、九頁
(12) 斎藤喜博『斎藤喜博全集5巻(教育の演出 授業)』国土社、一九七〇、二四五頁
(13) 斎藤喜博『授業入門』国土社、一九六〇年、五五頁
(14) 渥美利夫ほか編『上田薫著作集12 教師と授業・続林間抄』黎明書房、一九九三年、一〇二―一〇三頁
(15) 倉澤栄吉『授業に学ぶ』国土社、一九八七年、一四五頁
(16) 今井鑑三監修・国語教師竹の会『国語科 よい授業の追究』明治図書、一九八五年、一一―一二頁
(17) 大村はま『教室をいきいきと1』ちくま学芸文庫、一九九四年、一五四頁
(18) 石田佐久馬『国語授業の探究 第1巻 よい授業を創る』東洋館出版社、一九八七年、二〇三頁
(19) 石井庄司「綴り方の芦田恵之助先生に学ぶ」『国語の教師 第8号』タイムス
(20) 前掲(17)、二五頁
(21) 林竹二『教えるということ』国土社、一九九〇年、一五三頁
(22) 東井義雄『東井義雄著作集4 授業の探究・授業の技術』明治図書出版、一九七二年、四六頁
(23) 上田薫『人間のための教育』国土社、一九九〇年、一四三頁
(24) 小原國芳『全人教育論』玉川大学出版部、一九六九年、一三二頁
(25) 佐藤学『授業を変える学校が変わる―総合学習からカリキュラムの創造へ―』小学館、二〇〇〇年、五一頁
(26) 大村はま『授業を創る』国土社、二〇〇五年、一八七―一八八頁
(27) 古藤怜、池野正晴他『豊かな発想をはぐくむ新しい算数学習 Do Math の指導』東洋館出版社、二〇一〇年
正木孝昌『算数の授業で教えてはいけないこと、教えなくてはいけないこと』黎明書房、二〇〇九年、一三―一

四頁
(28) 佐野靖『唱歌・童謡の力―歌うこと=生きること―』東洋館出版社、二〇一〇年、一五六－一五七頁
(29) 同前、一五四－一五八頁
(30) 次山信男編著『子どもの側に立つ社会科授業の創造―新しい社会科教育像を求める実践的構想15講―』東洋館出版社、一九九八年、二二三頁
(31) 前掲(23)、一六〇頁
(32) 平野朝久『はじめに子どもありき―教育実践の基本―』学芸図書、一九九四年、二八－二九頁
(33) 東井義雄『東井義雄著作集4　授業の探究・授業の技術』明治図書、一九七二年、一三頁
(34) 同前、一二頁

終章　巨人の肩に乗る

新教育課程の実施に向けて、授業研究の必要が高まってきています。この授業研究は、日本独特の教師文化とも言われていました。それが、今は世界中に広まってきています。英語でも"jyugyokenkyu"で通じることがあります。アメリカ、アジアの各国で、日本の教師、研究者が参加した授業研究会が開かれています。

この日本の授業研究が注目されるきっかけとなったのは、一冊の本からでした。「Teaching Gap（邦題『日本の算数・数学教育に学べ』）です。これは、ＩＥＡ（国際教育到達度評価学会）の第三回国際数学・理科教育調査（ＴＩＭＳＳ）に伴って日本、アメリカ、ドイツの授業をビデオで分析したものです。その結果は、端的に言うならば、日本の授業は多様で質が高く、その授業方法等も昔から変わってきましたが、アメリカの授業は何十年も変わっていないということでした。その理由は、アメリカでは、自分が生徒のころに習った方法をそのまま教師になっても適用しているのに対して、日本では、授業研究会が行われて、授業の改善が継続的に行われているためということでした。そうしたところから、日本の授業研究が注目されるようになりました。

アメリカで授業研究を進める一人に高橋昭彦がいます。その高橋から聞いたアメリカの授業研究に初めて参加した教師の言葉が印象的でした。

いい授業のアイディアは、となりの教室にあった。

当時のアメリカはようやく授業研究に取り組み始めたころです。多くの教師は、自分の授業を公開することも、他人の授業を見ることもありませんでした。同じ学校にいても、同僚教師の授業を見ることもなかったのです。

アメリカでは、研究者が授業のアイディアを提供し、教師が実践し、それを研究者にフィードバックしていくという形で、授業改善が進められていました。だから、多くの教師が、よい授業のアイディは本の中にあると考えていました。それが授業研究会を開き、同僚の授業を見ることで、自分の授業改善に役立った、そう感じた教師が、感激のあまり、前述のような言葉を述べたというのです。

現在の日本でも、授業研究会が進められていても、同じ学校の中で、授業を見せ合うというのが減っているようにも聞きました。若い教師が増えて、ベテラン教師が減り、先輩教師から後輩へと授業の技が伝えられる機会も減っているとも言われます。

東井義雄は若いころに悩み、先輩教師に尋ねます。

　教科書の短い文章を、なぜ、何時間も時間をかけて教えなければならないか、という問題であった。「これは、こういう意味だ」と、あっさり教え込んではいけないのか、という問題であった。とうとう、がまんができなくなって、先生（浅田正雄：筆者注）の教室に質問に行った。（中略）「君、

『読方』は読み『方』だよ」とおっしゃり、「方」という字を大きく板書された。とたんに、「ああ、『方』だったのか」と、すべてが解った気がした。一つの短い文章でも、子どもは十人十色のさまざまな読みとり方をすることは、学年打ち合せ会でも、度々話題になっていたが、私は、その事を一気に思い出させてもらった。そして、どんなつまらない「方」をも大切にしてやり、子どもひとりひとりの「方」と「方」をぶつからせあい、文の客観性に即して「方」を練り上げていくのが「読方」の仕事であったことを知らせていただいた。

（中略）

また、「方」は、ただ「読方」だけで大切にするだけでなしに「算術」においても「理科」においても、各教科の指導の中で、その教科独自の「方」を練り鍛えていくべきだ、というようなことを、追究せずにおれなくなったのも、このときからであった。(1)

東井義雄が新卒であった昭和七年から一〇年の間の出来事のようです。浅田正雄は、東井義男の先輩教師で、但馬地区の国語の中心でもあり、及川平治の分団式動的教育法の実践者でもありました。これは、私が編集という仕事に就いて二年目に東井義雄からいただいた原稿です。今井鑑三の国語教育雑誌『国語の教師』に寄稿いただいたものでした。当時、大学を出たばかりで、教育に関しては素人同然でした。半年ほど国語の教科書の編集に配属された後で、私自身も東井義雄のように思っていました。それが、この原稿で、国語教育の端緒が見えたように思いました。ほんの半歩程度かもしれませんが。

編集の仕事は、こうした原稿を通した出会いがあり、学ぶ機会が多くありました。そうした機会には、本当に恵まれていたと思います。

及川平治も本書では多く引用しましたが、及川平治を知ったのも、この雑誌に寄稿いただいた原稿があったからです。それは、及川平治の下で九年間訓導を務めた西口槌太郎のものでした。それがなければ、今でも及川平治を知らなかったかもしれません。

この雑誌には、現場の実践者だけでなく、著名な方からの寄稿も多くありました。野地潤家による垣内松三の解説、飛田多喜雄による石森延男の解説、石井庄司による芦田恵之助の解説、石山脩平の解説などもご寄稿いただいています、恥ずかしながら、私は芦田恵之助も石山脩平もこれらの原稿から知ることとなりました。それぞれ、実際に会ったことがある方による解説ですから、非常に貴重なものです。

それ以上に私にとって一番大きかったのは、先人に学ぶことの重要性です。今井鑑三は、日頃から、それを口にされていて、雑誌『国語の教師』でも「先師に学ぶ」という連載も企画されました。

今井鑑三が、兵庫県の国語の研究大会で講演されたときのことでした。「新しい国語教育」という演題だったかと思います。それにもかかわらず、今井は、これまでの実践家の話をしていきます。会場の教師たちは、新しいものを期待しています。しばらく話をされた後、「みなさんは、こうした実践を知っていましたか?」と尋ねられます。「こうした古いものを知らないままに新しいものを追いかけても、表層的なものになってしまう」というようなことを話され、そうした今まで積み重ねられたものとの関わりの中から、これからの教育について話されていきます。

私は、この今井鑑三の講演が、すっと自分の中にはいってきた感じがしました。

今井鑑三が所属されていた奈良女子高等師範附属国民学校学習研究会は昭和二一年十一月一日に『学習叢書　わが校の教育』を発行します。

戦中、それまでの自由教育運動が制限されていたことから、再び解放され、戦後の新しい教育への期待が高まるころです。当時の学校には、全国から一万を越える参観者があったそうです。

そこに書かれている「新しい学校」は次の五つです。(2)

1　児童による、児童のための学校
2　友愛の学校
3　師弟共に伸びる学校
4　生み出す学校
5　開かれた学校

そして「教師の立場」(3)

１　われわれは生きた人間でありたい
１　われわれは子どもと共に生きる道を進みたい
１　われわれは明るい助力者でありたい
１　それはまた「授ける」「教える」立場に対して「導き」「育てる」立場に立つことである
１　われわれは子どもに対する鋭敏な感覚を持ちたい

今読んでもまったく古さを感じないものでしょう。この書籍の巻末には、学校の教員として今井鑑三のお名前もあります。今井が「生活科はとっくにやっていた」と言われるのも納得です。

本書では、多くの先人の言葉を引用しました。私が、これらを通して言いたいのは、「巨人の肩に乗る」ということです。

これはニュートンが手紙で使った言葉として有名ですが、そのもとは、フランスの哲学者、シャルトルのベルナールの次の言葉だそうです。

私たちは巨人の肩の上に乗る小人のようなものだとシャルトルのベルナールはよく言った。私たちが彼らよりもよく、また遠くまでを見ることができるのは、私たち自身に優れた視力があるからでもなく、ほかの優れた身体的特徴があるからでもなく、ただ彼らの巨大さによって私たちが高く引き上げられているからなのだと。

この巨人は、先人の知恵というべきものでしょう。私が授業についてよい悪いを言えるのも多くの巨人の肩の上に乗っている、つまりは先人から学んだからです。

ところが、この先人の肩に乗らないままでいる教師も多くいるように感じました。届いた原稿にも、そうしたことが現れています。

例えば、「数学的な考え方」を、こういうものだと、一から自分で考えて書いてくるケースもあります。「数学的な考え方」については、多くの実践と研究の成果がありますが、そうしたことをまったく踏まえていないのです。

その反面、しっかりと先人を踏まえている原稿もあります。例えば、「自分は片桐重男の数学的な考え方の立場に立つ」と明記して、そこから論を進めていきます。

この二つを比べると、まず、そのスタート位置が違います。先人を踏まえないと0からのスタートですが、先人を踏まえるとそこからがスタートになり、さらに先に行けるようになるのです。そういうことを繰り返して進歩していくはずです。学術的な研究でも、まず先行研究を踏まえるというのは、鉄則です。

真面目で、一生懸命な教師であっても、こうしたスタート地点を誤ると、その努力も無駄になってしまうこともあります。そうした真面目な若い教師をたくさん見てきたように思います。

よい授業を求めるときにも、自分がまったくの0から探求していくよりも、先人の肩に乗り、授業の地平線を遠くまで眺めるほうが、ずっと効率がよいのではないでしょうか。もちろん、この先人には、校内の先輩教師も含まれています。

本書で紹介したものは、ほんの一部にすぎません。ぜひ、多くの授業研究、授業実践に触れて、少しでも遠くを見ることができるようになってください。

【注】

（1）東井義雄「私を私に育ててくださった浅田正雄先生」『国語の教師　第2号』タイムス、一九八九年

（2）奈良女子高等師範学校附属国民学校学習研究会『学習叢書　わが校の教育』アサギ書房、一九四六年、三一－五頁

（3）同前、四三－四五頁

あとがき　―たくさんの出会いと感謝―

本書は、私が仕事を進める中で、学んできたことをまとめたものです。著者から直接お話を伺ったこと、いただいた原稿、原稿の参考文献、実際の研究授業など、多くの教育者と出会い、多くのことを学びました。ある意味、編集者らしい書籍になったのではないかと思います。

最初に言い訳をしてしまいますが、本書で引用したのは、ほんの一部です。引用したい文章、言葉はもっと多くあります。泣く泣くここまで削りました。また斎藤喜博ならばここを、大村はまならばここを引用すべきだ、という意見もあるかと思いますが、これも私とそれぞれの文章との出会いでもあるのです。こうした文章を入り口として斎藤喜博や大村はま、そして多くの先人たちと出会ってもらえたらうれしいと思います。

秋田喜代美は出会いについて「『出会い』とは、自分が持っている枠組みから出て会うことである。教師はどのような活動や学習材を準備したら生徒の中に『出会い』が起こるかを考える。ここでいわれる出会いは、興味関心を授業の場に引きつけたか、つかみがどうかという刹那的問題ではない。生徒たちの中に探究が始まるためにはどのような出会いがあればよいかを考える。サイクルの始まりとしての出会いである。(『中学校を創る』一八三頁)」と述べます。本書で紹介したことは、私が大学時代までもっていた固まった教育観、授業観の枠を出て、学びへの探究とそのサイクルの始まりでもあり、出会いそのものです

本書で紹介しました吉本均先生は、直接の面識はありませんが、二十代のころにお邪魔していた宝塚市に吉本先生の研究会があり、その会員の先生方から実践をご紹介いただき、ご著書もいただきました。そうした出会いの積み重ねが、今の私を形作っているのです。

私の「教育」についての学びとの出会いは、今井鑑三先生の雑誌の編集からでした。私は、教職課程はとっていましたが、教育を専門に学んだことがなく、教育に関してはまったくの素人です。届いた原稿を読み、そこに書かれた教育用語の一つひとつ、表現の一つひとつを今井先生にお尋ねしながら、編集作業を進めました。それが今の私の土台にあります。

当時の原稿はすべて手書きです。どれも達筆なので、読むのも一苦労で、恥を忍んで今井先生にお尋ねしたこともしばしばありました。そうしたときに、字は筆順で読むんだよ、ということも教えられ、筆順の大切さを実感させられたこともありました。

今井先生は若いころ、鈴木三重吉の「赤い鳥」の投稿者でした。八本の童話が「赤い鳥」に掲載さ

れています。鈴木三重吉にも直接会ったことがあるそうで、十本載れば童話作家になれるように言われたそうですが、それがかなわぬまま、鈴木三重吉が世を去り、「赤い鳥」は終わります。

そうしたこともあって会社にあった「赤い鳥」の復刻版に折に触れて目を通していました。それも、後に童謡の書籍を編集するときに役立ちます。このような、いろいろなつながりが、私の学びの中にあります。

だから、私の授業観、教育観の出発点は今井先生だと考えています。

そしてそれをもっと太らせていただいたのは、中野重人先生です。中野先生とは、四冊の書籍で一緒に仕事をさせていただきました。

中野先生も生活科や総合的な学習のルーツとして木下竹次を挙げられています。ですから、今井先生の授業観、教育観とも近いところがあり、それをさらに深め、広げていただいた思います。関わられている社会科や生活科の研究会にもお誘いいただき、勉強の機会もいただきました。ただ、それ以上に、お酒の席で学んだことも多くあったように思います。

日本体育大学に来られたときも、私の自宅が近いこともあり、仕事がなくてもお邪魔させていただき、帰りには近くのファミレスでごちそうになるというのがパターンでした。

今井先生も子どものことをよく考えられていましたが、中野先生は「日本の子ども」のことを考えられていました。そうしたことが、お酒を飲みながらも出てくるのです。「日本の子どもが元気が出るにはどうすればよいのか」、いつもそれを考えられていたと思います。

教育者には長寿の方も多く、そしてみなさん、それぞれが常に学ぼうとされています。そうした方々の学ぶ姿勢から、いただいたものもたくさんあります。

ある日のことでした。仕事中、原稿から顔を上げて、ふと編集部の入り口を見ると倉澤栄吉先生がいらっしゃるのです。当時の編集部は三階にあり、エレベーターもありません。倉澤先生も九十代半ば過ぎです。私は慌てて、「どうされたんですか」と尋ねると、「本を買いに来たんだ。まだ勉強しなければ」と言われるのです。九十を過ぎてなお向学のお姿に、ただ頭が下がる思いです。

石田佐久馬先生も、誕生日には何がご希望ですか、と尋ねると、「原稿用紙」と答えられるそうです。私は、石田先生にも多くのことを教えていただきました。茗荷谷のご自宅の近くの喫茶店での打ち合わせは、楽しい時間でした。三島由紀夫の息子の担任でもあったそうで、そうしたエピソードなども含めて、興味深く勉強になるお話でした。

算数・数学教育の佐藤俊太郎先生は、福島県在住でした。震災のときには九十を過ぎていらっしゃったので、心配で電話をしましたところ、「本棚は全部ひっくり返ったけど、記憶で原稿を書けるから、いつでも言ってこい」と笑いながら話されました。

今井鑑三先生も、雑誌『国語の教師』を再び立ち上げられたのは、八十のときでした。

みなさん、それぞれ鬼籍に入られていますが、その残されたものはあまりにも大きいものです。そうしたことを伝えていくのも編集という仕事の大事なところだと思っています。

それから多くの先生方にお世話になりました。

『初等教育資料』の増刊の編集もしていたので、文部省時代から、教科調査官の方々にはたいへんお世話になりました。学習指導要領が作られていく過程を目の当たりにし、改めて公教育の意味を実感しました。

算数教育では、坪田耕三先生、高橋昭彦先生、柳瀬泰先生と算数の研究会を立ち上げ、多くのことを学びました。

また清水静海先生、杉山吉茂先生、藤井斉亮先生、橋本吉彦先生、金本良通先生、清水美憲先生、中村亨史先生、柳瀬修先生、長嶋清先生、中野洋二郎先生、小林敢治郎先生、向山宣義先生、松丸剛先生、増田吉史先生、岩谷力先生、松山武士先生、池野正晴先生、黒崎東洋郎先生、細水保宏先生、滝井章先生、吉田映子先生、新算数教育研究会、ハンズオンマス研究会、そのほか全国の多くの先生から算数・数学教育とは何かを学びました。特に、清水静海先生からは、日本の教育課程、学習指導要領について、多くのことを教えていただきました。

国語教育では、田近洵一先生をはじめ、藤田慶三先生、大越和孝先生、成家亘宏先生、日本国語教育学会の先生方にもお世話になりました。

国語教育の澤本和子先生、社会科教育の次山信男先生、小林宏巳先生には、単行本を通してお仕事をさせていただきました。それぞれ本書でも引用させていただいているように、先生方の授業観、子ども観は、多くの人に伝えたいものです。そして、よい授業の背後には、授業観や子ども観があることに気づいたのは、先生方のおかげでもあります。

社会科教育では、廣嶋憲一郎先生、中田正弘先生と中野先生の研究会で多くのことを勉強させていただきました。目賀田八郎先生からは、先生の研究会の実践をまとめた通信を毎月送っていただき、勉強させていただいています。

全国連合退職校長会の先生方には、永くお世話になりました。前会長の戸張敦雄先生、木山高美先生、入子祐三先生をはじめ多くの先生方の日本の教育をよくしたいという熱意に、多くのことをいただいたと思います。

学校の現場では、筑波大学附属小学校、学芸大学の各附属小学校の先生方にもお世話になり、数多くの授業を見る機会をいただきました。

特別支援教育では、文部科学省の雑誌がまだ『特殊教育』の名称のときに担当しました。その際の吉田昌義先生、大南英明先生、宮崎英憲先生との出会いから、特別支援学校向けの教科書を立ち上げることとなりました。特別支援教育は、あらゆる教育の原点とも言えます。ここで学んだことは、教育全般を考える上で、非常に大きなものがあったと思います。

日本社会教育学会の年報を十数年担当しました。学校教育とは異なる教育として、また学校教育と社会教育の学びの共通性、人としての学びとは何か、など多くのことを学びました。本書で紹介したフレイレは、この学会の仕事の参考文献としてよく引用されていたものです。学会の小林文人先生、佐藤一子先生、手打明敏先生、鈴木敏正先生、上田幸夫先生、長澤成次先生、高橋満先生、田中雅文先生、田中治彦先生、朝岡幸彦先生、矢口悦子先生、ほか多くの先生から「生涯にわたる学び」について学びました。また、「学習の本質」についても、翻訳を担当された立田慶裕先生、岩崎久美子先生をはじめとした社会教育の先生から紹介いただいたものです。

日本教育社会学会の紀要も十年ほど担当いたしました。教育における研究について、その一端に触れさせていただいた気がします。志水宏吉先生、稲垣恭子先生、北澤毅先生、吉田文先生、古賀正義先生には、紀要の編集長として、多くのことを学ばせていただいたと思います。

東京藝術大学の佐野靖先生とは、童謡・唱歌の書籍での仕事が始まりでしたが、それ以上、音楽の力、音楽の学び、才能とは何か、多岐にわたって多くの示唆をいただきました。本書でも紹介しましたむつ市立二枚橋小学校の子どもたちの学びは、ぜひ多くの教育者に知っていただきたいことです。また、藝大での授業やレクチャーコンサートなどにもお誘いいただき、仕事を越えて、学ぶ機会を与えていただいています。

聖心女子学院初等科の岸尾祐二先生は、公私ともに長くお世話になっています。日本のＮＩＥの第一人者で知られている先生です。社会科の教科書を編集する際、「新聞」の教材化について、たくさんのアイディアをいただきました。今、全国の新聞社で導入されているＮＩＥワークシートは、岸尾先生と私で開発したものが最初です。それが全国に普及しました。そして今でも所属している日本ＮＩＥ研究会が発足するときに声をかけていただき、学ぶ機会、場を与えていただいています。

私は、小中高を通じて、担任の先生には大変恵まれたと思っております。それぞれの先生には、大変感謝しております。特に、中学校の担任だった杉本富子先生には、いつも励ましていただきました。

そして自分の学びの原点としての父についてです。

私の父は中学の国語の教師をしていました。そのおかげで、家には多くの本がありました。全集も、夏目漱石、森鷗外、萩原朔太郎、太宰治、リルケなどがありました。そうしたことから、自然と本を読むという習慣がついたのだと思います。

また、父はサッカー部の顧問をしていました。かなりの強豪校で、全国大会にもしばしば行っていたようです。本人も、国体に自分では覚えていないくらいの回数出ており、母も国体に行くのは年中行事で、応援にいったこともない、と言っていました。

日曜日にその父の部活について行くのが楽しみでもありました。父の勤めていた中学の近くに水族館があり、そこへ行くのが目的です。父は出がけに一日分の小遣いとして数百円ほど渡してくれます。小学校低学年にとっては大金ですが、それを交通費やおやつ代、水族館の入場料と、自分で考えて使うように言うのです。当時の電車の切符は自動販売機ではありません。窓口で目的地を言って購入します。そうしたことはすべて自分でしました。おやつが食べたくても、水族館の入場料、帰りの交通費を考えて判断しなければなりません。父はそうしたことを通して、自立することを身につけさせたかったのだ思います。

また、私はそうした父から直接勉強を教わったり、サッカーを教わったということはありませんでした。ただ、常に議論を挑まれました。私が小学校の低学年であってもです。サッカーの試合をテレビで見ていても「あのパスはなんで出したと思う?」とか、ニュースを見ていても、「なんでこうなると思う?」など、しょっちゅうです。それについての答えはありません。自分で考えなさい、ということでした。今、このような仕事をしていて、父が考えていたことは、こうなのではないかとわかるような気がしています。ただし、本当にそうだったのかは、今となってはわかりません。ただ、感謝があるのみです。

最後に書籍の編集の大先輩でもあり、永く良書を刊行してきている学文社の田中千津子社長には、本書の刊行についてお力添えをいただきました。深く感謝を申し上げます。

二〇一九年一月吉日　川田　龍哉

著者略歴

川田龍哉（かわだ たつや）
慶應義塾大学文学部卒業
学生時代は慶應義塾大学新聞研究所（現メディア・コミュニケーション研究所）に所属
教科書出版社，教育書出版社で教育書籍，教育雑誌を編集
「学びの未来研究所」を設立
日本 NIE 学会会員　日本 NIE 研究会会員

●検印省略

よい授業とは何か

二〇一九年三月三〇日　第一版第一刷発行

著　者　川田　龍哉
発行者　田中　千津子
発行所　株式会社　学文社

〒一五三－〇〇六四　東京都目黒区下目黒三－六－一
電話　〇三（三七一五）一五〇一（代）　FAX　〇三（三七一五）二〇一二
http://www.gakubunsha.com

印刷　倉敷印刷株式会社

乱丁・落丁の場合は本社でお取替します。
定価はカバー・売上カードに表示してあります。
ISBN978-4-7620-2887-8